MARCO POLO

KALABRIEN

Reisen mit **Insider Tipps**

Die als rau verschrienen Kalabresen erweisen sich oft als die gastfreundlichsten Süditaliener, und Geschichte geht hier durch den Magen – Wein aus Cirò tranken bereits die Olympiasieger der Antike.

MARCO POLO Autor
Peter Amann
(siehe S. 126)

Das passt:
Der MARCO POLO Sprachführer Italienisch

Weitere MARCO POLO Titel:
Italien-Süd, Sizilien, Golf von Neapel, Apulien

Spezielle News, Lesermeinungen und Angebote zu Kalabrien:
www.marcopolo.de/kalabrien

KALABRIEN

> SYMBOLE

Insider Tipp MARCO POLO INSIDER-TIPPS
Von unseren Autoren für Sie entdeckt

★ MARCO POLO HIGHLIGHTS
Alles, was Sie in Kalabrien kennen sollten

SCHÖNE AUSSICHT

WLAN-HOTSPOT

▶▶ HIER TRIFFT SICH DIE SZENE

> PREISKATEGORIEN

HOTELS

€€€ über 100 Euro
€€ 70–100 Euro
€ unter 70 Euro

Hauptsaisonpreise für ein DZ. In der Nebensaison gibt es z. T. deutliche Abschläge, Mitte August dagegen Spitzenzuschläge

RESTAURANTS

€€€ über 25 Euro
€€ 15–25 Euro
€ unter 15 Euro

Die Preise gelten für eine für das jeweilige Restaurant typische Mahlzeit ohne Getränke

> KARTEN

[116 A1] Seitenzahlen und Koordinaten für den Reiseatlas Kalabrien

Karten zu Catanzaro, Cosenza, Reggio di Calabria und Tropea finden Sie im hinteren Umschlag

Zu Ihrer Orientierung sind auch die Orte mit Koordinaten versehen, die nicht im Reiseatlas eingetragen sind

DIE BESTEN MARCO POLO INSIDER-TIPPS .... UMSCHLAG
DIE BESTEN MARCO POLO HIGHLIGHTS 4

AUFTAKT 6

SZENE 12

STICHWORTE 16
EVENTS, FESTE & MEHR 22
ESSEN & TRINKEN 24
EINKAUFEN 28

RIVIERA DEI CEDRI 30
POLLINO & SIBARI 36
COSENZA & DIE SILA 48
CATANZARO & CROTONE 56
TROPEA & COSTA VIOLA 66
REGGIO & ASPROMONTE 76

INHALT

> SZENE

S. 12–15: Trends, Entdeckungen, Hotspots! Was wann wo in Kalabrien los ist, verrät der MARCO POLO Szeneautor vor Ort

> 24 STUNDEN

S. 94/95: Action pur und einmalige Erlebnisse in 24 Stunden! MARCO POLO hat für Sie einen außergewöhnlichen Tag an Kalabriens Küste zusammengestellt

> LOW BUDGET

Viel erleben für wenig Geld! Wo Sie zu kleinen Preisen etwas Besonderes genießen und tolle Schnäppchen machen können.

Preiswert übernachten im Hinterland S. 34 | Ein Bungalow auf dem Campingplatz S. 40 | Bed & Breakfast mit Anschluss an die Schmalspurbahn S. 52 | Holzofenpizza: knusprig, billig, gut S. 62 | Italienisch lernen in Tropea S. 71 | Für 2 Euro nach Sizilien S. 86

> GUT ZU WISSEN

Was war wann? S. 10 | Spezialitäten S. 26 | Kathedralen in der Wüste S. 44 | Blogs & Podcasts S. 47 | Bücher & Filme S. 54 | www.marcopolo.de S. 104 | Was kostet wie viel? S. 105 | Wetter in Crotone S. 108 | Aussprache S. 110

AUF DEM TITEL
Agritourismo: aktiv auf dem Bauernhof S. 13
Wandern im Nationalpark S. 52

AUSFLÜGE & TOUREN 88
24 STUNDEN AN KALABRIENS KÜSTE 94
SPORT & AKTIVITÄTEN 96
MIT KINDERN UNTERWEGS 100

PRAKTISCHE HINWEISE 104
SPRACHFÜHRER ITALIENISCH 110

REISEATLAS KALABRIEN 114
KARTENLEGENDE REISEATLAS 122

REGISTER 124
IMPRESSUM 125
UNSER AUTOR 126

BLOSS NICHT! 128

ENTDECKEN SIE KALABRIEN!

Unsere Top 15 führen Sie an die traumhaftesten Orte und zu den spannendsten Sehenswürdigkeiten

Die Highlights sind in der Karte auf dem hinteren Umschlag eingetragen

1 Grotta del Romito
Graffiti aus der Steinzeit: Vor mehr als 11 000 Jahren ritzte ein Künstler das Bild eines Auerochsen in den Fels vor der Romito-Grotte im Laotal (Seite 35)

2 Canyon des Raganello
Abenteuer mit Bergführer: Wanderung über einen überwucherten Felspfad zur tiefen Schlucht in der grandiosen Gebirgslandschaft des Monte Pollino (Seite 40)

3 Morano Calabro
Atemraubendes Panorama: Das malerische Bilderbuchstädtchen zieht sich vor der Bergkulisse des Pollinogebirges wie ein Labyrinth am Hang empor (Seite 43)

4 Codex Purpureus
Die griechische Bibelhandschrift in silberner Tinte aus dem 6. Jh. kam aus dem Orient nach Rossano (Seite 44)

5 Altstadt von Cosenza
Ins wohl schönste *centro storico* Kalabriens kehrt das Leben zurück (Seite 49)

6 Taverna
Mattia Preti, der beste Barockmaler Kalabriens, hat seiner Heimatstadt in der Sila Piccola ein furioses Œuvre hinterlassen (Seite 59)

7 Capo Colonna
Eine einsame Tempelsäule steht über dem Ionischen Meer bei Crotone (Seite 61)

> DIE BESTEN MARCO POLO HIGHLIGHTS

8 Castello Aragonese
In Le Castella eine Burg im Meer als Bollwerk gegen die Piraten, davor ein prima Strand (Seite 62)

9 Santa Maria dell'Isola
Die Wallfahrtskirche von Tropea liegt wunderschön hoch über dem Meer mit tollen Sandstränden (Seite 73)

10 Capo Vaticano
Die Traumstrände zwischen Klippen südlich von Tropea sind nur zu Fuß oder mit dem Boot zu erreichen (Seite 75)

11 Duomo dell'Assunta
Antike Säulen stützen die größte Kirche Kalabriens, das byzantinisch-normannische Gotteshaus von Gerace (Seite 78)

12 Lungomare Matteotti
Vom „schönsten Kilometer der Welt" in Reggio über die Meerenge nach Sizilien schauen und baden am Lido Comunale (Seite 81)

13 Bronzekrieger von Riace
Die zwei nackten Bronzestatuen im Archäologischen Museum von Reggio verkörpern das griechische Schönheitsideal (Seite 81)

14 Pentedattilo
Fünf Felsfinger überragen das viel fotografierte Geisterdorf (Seite 84)

15 La Cattolica
Das Juwel byzantinischer Baukunst mit seinen markanten fünf Kuppeln erhebt sich über Stilo (Seite 86)

WAS FÜR EINE REGION!

Strand und Altstadt von Tropea

AUFTAKT

Die sonnenverwöhnte Region an der Stiefelspitze erstreckt sich über ein Fünftel der gesamten italienischen Küste (780 km), und kein Ort ist mehr als 50 km vom Meer entfernt: ideale Voraussetzungen, um einen Strandurlaub mit (Wander-)Ausflügen ins wildromantische Landesinnere zu kombinieren. Der landschaftliche Reichtum findet seinen Niederschlag auch in variantenreicher *cucina di terra* und *cucina di mare.* Und ein Kulturland ist Kalabrien spätestens seit Landung der Griechen in der Antike, auf deren Spuren Sie hier immer wieder treffen werden. Zeitgenössische Kunst wiederum begegnet Ihnen in Cosenza auf Schritt und Tritt.

> „Kalabrien ist eine Insel" – auf den ersten Atlasblick erscheint dieser Satz paradox. Die südlichste Festlandsregion Italiens (15 000 km², gut 2 Mio. Ew.) gleicht mit ihren knapp 800 km langen Küsten jedoch tatsächlich in vielerlei Hinsicht einem Eiland. Kalabrien, durch das hohe Kalksteinmassiv des Pollinogebirges gegen Norden abgeschirmt, ist eine fremdartige, in sich geschlossene Welt. Jahrtausendelange griechische Besiedlung, sarazenische Piratenüberfälle und albanische Einwanderung haben eine ganz eigene Kultur mit fast balkanischem Einschlag geschaffen.

An den meist sandigen Küsten, die so blumige Namen wie Costa dei Gelsomini (Jasminküste) oder Costa Viola (Violette Küste) tragen, hat die Moderne Einzug gehalten, nicht immer zum Vorteil der Landschaft. Wer nach Kalabrien zum Baden reist, sollte sich seinen Küstenabschnitt gut aussuchen oder sich an planlos wuchernden Neubauten nicht stören. Ein Paradox ist die Ufereisenbahn aus dem 19. Jh., die groteskerweise gerade dadurch, dass sie das Land von seinem Meer trennt, heute weite Küstenstriche vor Zersiedelung schützt. Besonders charmant ist die reich gegliederte tyrrhenische Steilküste bei Tropea mit den spektakulären Buchten am Capo Vaticano. Nachts herrscht hier fast Caprifischeridylle, wenn die Laternen kleiner Fischerboote vor der Küste blinken. Schwertfischkutter mit 20 m hohen Ausguckmasten kreuzen vor dem romantischen Hafenstädtchen Scilla an der Costa Viola. Für ideale Wassersportbedingungen bis in den Spätherbst sind die Badeorte der regenärmeren und flacheren ionischen Küste be-

Nicht nur bei den Fischern am Strand von Scilla begehrt: Schwertfisch

kannt. Und die roten Sandsteinküsten der Riserva Marina am Capo Rizzuto bei Crotone sind ein Paradies für Schnorchler.

> Eine lebenswerte Kunstlandschaft mit Piazzaflair

Das „wahre" Kalabrien des Landesinneren präsentiert sich auf den ersten Blick spröde. Serpentinenstraßen voller Schlaglöcher winden sich entlang riesiger Fiumare – so heißen die sommertrockenen, in ihrem Unterlauf oft kilometerbreiten Schotterflussbetten – zu halb verlassenen Bergdörfern, in denen nur noch die Alten ausharren. Wie von einer Insel sind die Leute hier immer wieder ausgewandert, um Armut und Unterdrückung zu entgehen. Der kalabrische Autor Carmine Abate beschreibt eindringlich die Zerrissenheit seiner Landsleute zwischen alter und neuer Heimat, sei es Deutschland oder das industrialisierte Norditalien. Die Weltabgewandtheit der Daheimgebliebenen hat auch ihre Vorteile, bei den Hirtenfesten ist das Brauchtum noch nicht zur kommerziellen Folklore verkommen. Tarantellatänze in kostbaren Trachten, ergreifende Prozessionen, Seidenweber und Pfeifenschnitzer – in albanischsprachigen Orten wie Civita im Pollino oder den sogenannten grekanischen, den griechisch geprägten Gemeinden des Aspromonte können Sie solche Entdeckungen machen.

Diese Landschaft mit ihrem Kontrast von *mare* und *montagna* ist die Bühne der kalabrischen Geschichte. Das Meer bedeutete nicht nur Freiheit, sondern immer auch Ausgesetztsein und Gefahr. An den Küsten landeten Fremde als Eroberer und Kolonisten. Griechen drängten die Ureinwohner, die Bruttier, ins Landesinnere zurück; jahrhundertelang mieden die Menschen die Meeresnähe wegen Malaria und Piraten. Doch ist Kalabrien nicht nur von dieser defensiven Rückzugsmentalität geprägt, immer wieder hat es auch mit kulturellen Höchstleistungen geglänzt: Der Auerochse in der Grotta del Romito gilt als eine der schönsten steinzeitlichen Felsritzungen Italiens, später blühte die hellenische Kultur: In Rhegion sang Ibykos, in Kroton lehrte Pythagoras, in Thurioi plante Hippodamos schnurgerade Straßen, und Herodot schrieb hier seine Geschichte. Die 1972 durch einen Zufall aus dem Meer gefischten Bronzemänner von Riace haben der Region eine Touristenattraktion ersten Ranges beschert.

> Aktivurlauber sind hier in ihrem Element

Im Mittelalter war das byzantinische Süditalien fester Bestandteil des griechisch-orthodoxen Kosmos – der Purpurkodex von Rossano und die entzückende Kuppelkirche La Cattolica in Stilo faszinieren nicht nur Kunsthistoriker. Normannische Dome, Stauferburgen, spanische Hafenbastionen – gerade in den Kleinstädten wie Morano Calabro, Altomonte, Gerace, Tropea oder Pizzo offenbart sich Kalabrien als lebenswerte Kunstlandschaft mit typisch italienischem Piazzaflair. Dazu gesellen sich die

WAS WAR WANN?

Geschichtstabelle

um 9000 v. Chr. Felszeichnungen in der Grotta del Romito im Pollinogebirge

8. Jh. v. Chr. Beginn der griechischen Kolonisation

532 v. Chr. Pythagoras in Kroton

1. Jh. v. Chr. Kalabrien und die Basilikata bilden die römische Region Lucania et Brutii

533 Kalabrien wird byzantinisch

11. Jh. Normannen erobern Kalabrien

ab 1442 Herrschaft des spanischen Königshauses Aragón über Süditalien

15. Jh. Auf der Flucht vor den Türken wandern Albaner ein

16. Jh. Kaiser Karl V. lässt Küstentürme gegen türkische Piraten errichten; Judenvertreibung im spanischen Süditalien

1734–1861 Herrschaft der Bourbonen in Süditalien

1860 Giuseppe Garibaldi landet in Melito di Porto Salvo und vertreibt die Bourbonen

1860–70 Briganten- und Bauernaufstände

1922–43 Italien unter der Diktatur von Benito Mussolini

1943 Angloamerikanische Geschwader bombardieren Reggio

ab 1950 Halbherzige Industrialisierungs- und Infrastrukturmaßnahmen („Cassa per il Mezzogiorno")

2010 Geplanter Baubeginn der von Umweltverbänden heftig kritisierten Megabrücke von Kalabrien nach Sizilien über die Meerenge von Messina – ein Prestigeprojekt der Regierung Berlusconi

drei „Hauptstädte" der Region: die administrative Kapitale Catanzaro mit ihren futuristischen Verkehrslösungen, die ehemalige Hauptstadt (bis 1970) Reggio mit dem berühmten Sizilienblick und die ehrwürdige Kulturmetropole Cosenza mit einer der faszinierendsten Altstädte Süditaliens.

Kalabrien will nicht studiert, sondern erlebt werden: Die kontrastreiche Landschaft, Volksbräuche und einsame Bergdörfer spielen die Schlüsselrolle. Auch Aktivurlauber sind hier in ihrem Element, ob Trekking im Pollino, Rafting in den imposanten Schluchten des Lao oder Birdwatching oberhalb der Straße von Messina. Zu ausgedehnten Wanderungen laden die pilzreichen Wälder in der Sila und im rauen Aspromonte ein. Diese südlichsten Ausläufer des Apennins stellen sich hier als Wolkenfänger dem Westwind entgegen und sorgen für ein überraschend grünes Kalabrien.

In ganz Italien ein Begriff ist die unverfälschte Landküche Kalabriens: die eingelegten Pilze, die pikante, luftgetrocknete Salami, der frische Hirtenkäse. Lassen Sie sich in den Bergen in einer der wunderbaren Familientrattorien mit hausgemachter Pasta und kräftigem Bauernwein bewirten. Oder machen Sie es den Einheimischen nach und flanieren mit einem erfrischenden Zitroneneis über die Strandpromenade!

Auch in Kalabrien ist die Gegenwart angekommen. In Catanzaro wurde nach mehr als 60 Jahren Theaterpause im Jahr 2002 das neue Opernhaus des Architekten Paolo Portoghesi eröffnet. Die Rotweine aus Cirò zählen mittlerweile zu den Topetiketten Italiens, Musikgruppen punkten inter-

Byzantinisch beeinflusst: die Majolikakuppel von Santa Maria Maddalena in Morano Calabro

national mit ihrem einheimischem Ethnosound, und engagierte Kooperativen entzücken mit unkonventionellen Urlaubsideen wie Eselwandern auf alten Brigantenpfaden. Die drei kalabrischen Nationalparks entwickeln mit neuen Initiativen zunehmend touristische Anziehungskraft, und der aufblühende kinderfreundliche *agriturismo* sorgt für geschmackvolle, preisgünstige Quartiere auf dem Land. Mithilfe von EU-Subventionen werden alte Gutshöfe, Ölmühlen, Weingüter und Landvillen zu individuellen Herbergen ausgebaut. Hier finden nicht nur Familien schnell Anschluss, und in der Küche werden frische Produkte aus der eigenen Landwirtschaft verarbeitet. Schwimmbäder, Tennisplätze und Reitgelegenheiten gehören oft zum Angebot.

> ***Unkonventioneller Urlaub: Eselwandern auf alten Pfaden***

Keine Frage: Das janusköpfige Kalabrien ist auf dem Weg in einen modernen Tourismus, aber zugleich ist es unter allen Regionen Italiens noch immer die urwüchsigste, eine Region für Kenner und Entdecker.

TREND GUIDE KALABRIEN

Die heißesten Entdeckungen und Hotspots!
Unser Szene-Scout zeigt Ihnen, was angesagt ist

Antonio di Mauro
lebt und arbeitet als Schauspieler in München. Seine Wurzeln jedoch liegen in Kalabrien. Sooft es geht, jettet er in seine zweite Heimat, trifft Freunde und Verwandte und genießt dort die feine, schnörkellose Küche. Außerdem ist unser Szene-Scout viel in der Kulturszene und im Nachtleben unterwegs. Für ihn sind die Aufenthalte in Kalabrien jedesmal eine Quelle der Inspiration.

MODERN ART

Kulturzentrum Reggio di Calabria

Die Stadt Reggio di Calabria mausert sich zum supermodernen Kunsthotspot an der Stiefelspitze. So bieten z. B. die Galerien *Serraino Arte (Via Pasquale Andiloro 6 g, www.serrainoarte.it)* und *Perlini Arte (Via XXI Agosto 35, www.perliniarte.com)* zeitgenössischen Künstlern eine Plattform, um ihre Werke zu präsentieren. Das innovativste Projekt ist jedoch gerade im Bau: ein futuristischer Gebäudekomplex, der alles in einem sein soll: Kunstmuseum, Atelierraum und Kulturzentrum. Den Zuschlag für das Prestigeobjekt bekam das renommierte Londoner Architektenbüro *Zaha Hadid (www.zaha-hadid.com,* Foto*)*. Die Fertigstellung des ersten Bauabschnitts ist für 2011 geplant.

ISZENE

▶▶ WEDELN MIT VULKANBLICK

Pulverschnee in Süditalien

Schwer denkbar, aber Pistengaudi gibt es auch am südlichsten Zipfel Italiens. Bei grandiosem Blick auf den Ätna lernen Anfänger mit der Skischule *Scuola Sci Gambarie (Gambarie, www.scuolasci gambarie.it)*, wie man gekonnt die Pisten hinabwedelt. Weiter nördlich lädt der Gebirgszug Sila in seine Skiresorts *Ciricilla (www.silaonline.it/impianti-sciistici-in-sila.asp), Lorica (www.lagosila.it/ENG/lorica.htm), Camigliatello Silano (www.camigliatellosilano.it)* und *Palumbo (www.pa lumbosila.it)* ein. Letzteres bietet neben einer Ski- und Snowboardschule sogar die Möglichkeit, bei Snowtubing die Pisten Süditaliens hinunterzusausen.

▶▶ LEBEN WIE DIE LOCALS

Brot backen statt nur in der Sonne zu braten

Arbeit im Urlaub? Nicht anstrengend, sondern die beste Art, den Kopf freizukriegen – und sich auf das Urlaubsland einzulassen. Bei *Agriturismo Ninea (bei San Nicolò di Ricadi, www.agritu rismoninea.com)* in Masa wird zuerst am Panoramapool mit Blick auf die Küste entspannt, um dann ganz relaxt mit den Hausherren echte italienische Pasta herzustellen. Originalrezepte teilt auch die kalabrische Kochschule in der *Villa Vittoria (Contrada Butteria, Guardavalle, www.agriturismovillavittoria.it*, Foto*)* mit ihren Gästen. In der *Villa Caristo (Stignano, www.farmhousecalabria.com)* packen die Gäste bei der Mandel-, Oliven- und Traubenernte mit an. Tolles Highlight: Die Zimmer befinden sich stilecht in einer alten Ölmühle.

NEUE INTERPRETATIONEN

Frische, regionale Produkte

Die Küche Kalabriens ist schnörkellos und einfach. Dass sie jedoch ohne Weiteres mit dem internationalen Standard mithalten kann, beweisen eine Reihe neuer Restaurants. Bei Pietro und Denise *(La Tavernetta, Campo San Lorenzo 14, Camigliatello Silano, www.latavernetta.info)* kommen nur regionale Produkte in die Pfanne, um neu interpretiert ihren Weg in die Mägen und Herzen ihrer Gäste zu finden. Auch im *Ristorante Dattilo (Contrada Dattilo, Marina di Strongoli, www.dattilo.it,* Foto*)* bringt Chefkoch Francesco Rizzuti Originalrezepte mit neuem Pfiff auf den Tisch. Fisch und Schaltiere sind das Steckenpferd von Tonino Napoli und seinem Team im *Ristorante Pantagruel (Via Pittore Santanna 2, Rende, www.pantagruelilristorante.it).* Dass die Meeresbewohner direkt aus dem Meer vor der Küste Kalabriens stammen, ist selbstverständlich.

WILDWASSER

Sportler suchen das Adrenalin-Abenteuer

Der Sporttrend geht zu Outdoor-Erlebnissen, die niemand so schnell vergisst. Wie etwa das verschärfte Rafting durch Stromschnellen und Wasserfälle im Parco Nazionale del Pollino *(www.viaggiarenelpollino.com).* Nass wird man auch beim Canyoning. Im 30 km langen Tal des Raganello klettern, schwimmen und wandern Actionheroes durch Schluchten *(Lao Canyon Rafting, Corso Umberto I 120, Laino Borgo, www.laosrl.it).* Der letzte Schrei ist jedoch Hydrospeed. An ein Luftkissen geklammert, lässt man sich von den Wellen und Strudeln des Flusses mitreißen – immer gesichert mit Schwimmweste und Helm (Foto). Buchbar über Anbieter wie *Rafting Yahoooooo (Corso Mediterraneo, Scalea, www.raftingcalabria.it)* und *Elation (www.elation.it).*

REGGAE CALABRESE

Ciao Ramazzotti, Zucchero und Celentano

Italiens große Schmusemusiker sind passé. Heute hören die Italiener lieber ihren hausgemachten Reggae. Die beste Livemusik gibt es im *Mojo Pin (Via Nazionale 126, Marina di Caulonia, www.myspace.com/mojopinlive)*. Regelmäßig gejammt wird auch im *Blue Dahlia Gallery Arts Café (Via XX Settembre 33–35, Marina di Gioiosa Ionica, www.bluedahlia.splinder.com)*. Unbestrittener Höhepunkt des Reggaejahrs ist das Festival *Babylon by Bus (www.maroons.it)* in Acquaformosa. Dort treten auch Musiker wie *Scarma (www.scarma.com*, Foto) auf, deren Mix aus bekannten Rhythmen und neuen Ideen den Nerv der Italiener trifft.

DOWN UNDER

Höhlenforscher

Unberührte Welten mit kristallklaren Seen warten auf abenteuerlustige Hobby-Höhlenforscher. Welche der über 100 Grotten in der Region den Abstieg wert sind, weiß die *Associazione Explora* in Crotone; Exkursionen kann man über *Ostro (Corso Duomo, nahe der Burg, Le Castella, www.ostro.it)* buchen. Anfänger lassen sich am besten von *Rafting Explorer Lao (Contrada Molina 29, Orsomarso, www.raftingexplorerlao.it)* in die Unterwelt entführen. Weitere Informationen zu Höhlen und Führern finden sich auf der Seite der regionalen Höhlenkundler auf *www.enzodeimedici.it* (Foto).

OPEN-AIR-CLUBBING

Frische Brise

Milde Temperaturen, salzige Meeresluft in der Nase und über dem Kopf nur Sterne: Die Partypeople zieht es in die coolen Beachbars an der Küste. Wenn die Sonne hoch am Himmel steht, erreicht im *Lido Charly (Lungomare Marina del Convento, Tropea, www.lidocharly.it)* die Stimmung den ersten Höhepunkt des Tages. Die Nacht zum Tag macht man im *Vecchia Fattoria (Contrada Piano la Donna, Belvedere Marittimo, www.vecchiafattoria.it)* weiter nördlich. Freiluft und Housemusik gibt es im *Calurà (Via Lungomare, Roccella Ionica, www.calura.it)*.

> VON ARBËRESHE BIS ZEDRATZITRONE

Notizen zur Räuberromantik, zum Heulen der Wölfe und zum „Viagra der Armen"

ARBËRESHE

Çifti, Firmoza und *Shën Miter* steht auf den zweisprachigen Ortsschildern von Civita, Acquaformosa und San Demetrio Corone. Mehr als 41 000 Kalabresen zählen sich zur albanischen Volksgruppe, Nachfahren jener christlichen Skipetaren, die im 15. Jh. vor der türkischen Okkupation nach Italien flohen. Das Siedlungsgebiet der *Arbëreshe* genannten Italoalbaner konzentriert sich auf den Pollino und die Sila Greca *(www.arbitalia.net)*. Die Menschen sprechen und schreiben außer Italienisch nach wie vor ihren Dialekt, der sich deutlich vom modernen Albanisch unterscheidet. Als Wappentier dient der byzantinische Adler, und in ihren ikonengeschmückten Kirchen, die formal dem Papst unterstehen, ist der Geist der Ostkirche lebendig geblieben. Farbenprächtig sind die Volkstänze *(vall-*

Bild: Zedratzitronen

STICH WORTE

je) zur Osterzeit. Ihre Identität haben die *Arbëreshe* auch in ihrer raffinierten Küche bewahrt.

BERGAMOTTE

Eau de Cologne ist eine kalabrische Erfindung! Sein wichtigster Duftstoff ist das Öl, das aus der unreifen Schale der Bergamotte gewonnen wird. Es findet sich als Grundsubstanz in fast allen feineren Duftwässern, weil es die Eigenschaft besitzt, schwache Düfte zu heben und starke zu harmonisieren. Diese seltene und kostbare Zitrusfrucht gedeiht ausschließlich an einem schmalen Küstenstreifen im äußersten Süden der Apenninhalbinsel in der Provinz Reggio di Calabria. Fast die gesamte Ernte wird zu Essenz verarbeitet, die auch in zahlreichen Geschäften in Kalabrien für wenig Geld zu kaufen ist. Mixen Sie sich doch damit einmal Ihr eigenes Parfum

– wie es bereits im 18. Jh. Giovanni Paolo Feminis und sein Nachfahre Johann Maria Farina taten, die Gründer von 4711 in Köln.

BRIGANTEN

Kalabrien steckt voller Räubergeschichten. Die Briganten des 18. und 19. Jhs. gelten landläufig nicht als Zehntausende für die Freiheit des Südens und gegen die Arroganz der neuen Herrscher aus dem Piemont, die mit brutalen militärischen Strafaktionen auch gegen die Zivilbevölkerung vorgehen. In unseren Tagen erleben Balladen, die berühmte Banditen wie Giuseppe Musolino, den „König des Aspromonte", besingen, ein Revival, das typisch für das neue

Die Kathedrale von Gerace ist ein großartiges Zeugnis byzantinischer Kultur

Verbrecher, sondern werden als romantische Volkshelden verehrt. Unter dem schwarzen Mantel des Banditen konnte sich vielerlei verbergen: Freiheitsliebe, Habgier, Abenteuerlust oder schlicht die Verzweiflung der hungernden Landbevölkerung. Blütezeit und zugleich beginnender Niedergang des Brigantentums ist die Epoche der italienischen Reichseinigung nach 1860. Erbittert kämpfen Selbstbewusstsein des lange gedemütigten Südens ist.

BYZANTINER

Noch bis Ende des 15. Jhs. wurde in vielen Kirchen Kalabriens der Gottesdienst nach orthodoxem Ritus gefeiert. Jahrhundertelang war Kalabrien fest im griechischen Sprach- und Kulturraum verwurzelt. Nach der antiken Blütezeit der Magna Graecia und dem Zusammenbruch des Weströmischen Reiches erfolgte eine zweite Hellenisierung ab 535 durch die Byzantiner. Die oströmische Provinz Kalabria unterstand Konstantinopel. Im Mittelalter wurde Kalabrien zu einem wichtigen Zentrum der griechisch-orthodoxen Mönchsbewegung. Auch nach der normannischen Eroberung im 11. Jh. blieb die griechische Kultur lebendig und wurde später ein Impulsgeber der Florentiner Renaissance. Zu den wichtigsten baulichen Zeugnissen dieser großen Vergangenheit zählen die Cattolica in Stilo, zahlreiche Kirchen in und um Rossano und die Kathedrale in Gerace, das größte Gotteshaus Kalabriens.

CAMPANELLA, TOMMASO

Tommaso Campanella kam 1568 bei Stilo als Sohn eines Flickschusters zur Welt. Der streitbare Dominikanermönch organisierte 1599 eine erfolglose Verschwörung gegen die spanische Adelsherrschaft und verbündete sich dafür sogar mit den Türken. Seiner Hinrichtung entging er nur dadurch, dass er sich verrückt stellte. Insgesamt verbrachte er 27 Jahre seines Lebens in den Kerkern der Inquisition, wo er auch sein Hauptwerk „La Città del Sole“ (Der Sonnenstaat) verfasste. Darin entwirft er einen philosophischen Idealstaat ohne Privateigentum, in dem die Bürger täglich nur vier Stunden arbeiten und sich der freien Entfaltung ihrer Fähigkeiten widmen. Mit dieser Utopie wurde er zu einem der geistigen Väter des Kommunismus. Campanella starb 1639 als Hofastrologe von Ludwig XIV. in Paris. Ihm ist in Cosenza ein Parco letterario gewidmet worden, der dazu einlädt, u. a. durch Lesungen und Ausstellungen sein Werk zu entdecken *(www.parchiletterari.com/campanella)*.

EMIGRATION

Mehr als die Hälfte der Kalabresen lebt im Ausland. Im 19. Jh. und in der Nachkriegszeit nach 1945 emigrierten Millionen in die USA, nach Argentinien, Australien, England, Deutschland oder in die Schweiz. Die Auswanderung hält noch immer an, nur zieht es heute viele eher nach Rom oder Mailand. Armut, Arbeitslosigkeit, kriminelle Schikanen, aber auch die triste Provinzialität führen dazu, dass viele im eigenen Land keine Perspektive sehen. Erfreulicherweise gibt es immer mehr junge Leute, die sich eine Alternative zur Auswanderung aufbauen und mit viel Engagement vor allem touristische Projekte entwickeln.

'NDRANGHETA

Die berühmt-berüchtigte Schwester der sizilianischen Mafia und neapolitanischen Camorra umfasst nach Schätzungen in der ganzen Region 5000 Mitglieder, die in mehr als 150, sich teilweise bekriegenden Banden organisiert sind. Längst ist die *'ndrangheta* aus ihrer Provinzialität erwacht, kontrolliert die Prostitution und mischt im nationalen Baugewerbe und internationalen Rauschgifthandel mit. Aus ihrem früheren

Stammgeschäft, der Entführung reicher Industrieller, hat sie sich vollständig zurückgezogen. Auch für Touristen stellt sie keine Gefahr dar: Die mafiose Organisation hat anderes zu tun, als Touristen zu behelligen, munkelt man doch, dass sie selbst in große Hotelanlagen investiert und deswegen am Gedeihen dieses einträglichen Gewerbes interessiert ist.

So nah auf den Pelz rücken Sie den Wölfen nur im Besucherzentrum der Sila

PEPERONCINO

Die scharfen Schoten (botanisch handelt es sich um Beeren!) des südamerikanischen Nachtschattengewächses der Gattung Capsicum sind aus der *cucina calabrese* nicht wegzudenken. In Diamante gibt es sogar eine Accademia del Peperoncino *(www.peperoncino.org)*, die sich dem praktischen Studium der vielfältigen Einsatzmöglichkeiten des *peperoncino* (Achtung, den Gemüsepaprika nennen die Italiener *peperoni!)*, auch als Chili bekannt, verschrieben hat. Von pfiffigen Gemüsehändlern als *viagra dei poveri* (Viagra der Armen) angeboten, erinnert der *peperoncino* schon durch seine Form an das feuerrote Potenzsymbol süditalienischer Machos, den gerne als Halskette getragenen Korallenzahn.

PYTHAGORAS

Pythagoras aus Samos verlegte um 532 v. Chr. seine berühmte Philosophenschule nach Kroton (Crotone). Katharsis (Reinheit) und Askese, aber auch die Harmonie der Musik und der Mathematik ($a^2+b^2=c^2$) standen im Mittelpunkt seiner Lehre. Er etablierte sich als Führer eines ashramähnlichen Asketenzirkels aristokratischer Männerbünde. Seinen Worten wurde ähnliche Autorität zugemessen wie später der Bibel, dem Koran oder den Schriften Bhagwans. 510 v. Chr. hatten die Krotoniaten genug von seinem puritanischen Regiment. Pythagoras wurde nach Metapont (Basilikata) vertrieben, wo er um 496 v. Chr. starb. Seine Schule bestand noch Jahrhunderte fort.

VERSACE, GIANNI

Gianni Versace wurde 1946 in Reggio di Calabria geboren und erlernte hier das Geschäft mit der Schere im

Schneidersalon seiner Mutter. Mit seiner ersten Mailänder Kollektion (1978) startete er zur ganz großen Karriere durch. Stars der Mailänder Scala singen in Kostümen von Versace. Madonna, Bon Jovi und Courtney Love hüllen sich in seine lasziven Leder- und Nietenkreationen. Nach seiner Ermordung 1997 in Florida leitet seine Schwester Donatella die Kreativabteilung der Versace-Group.

WÖLFE

Das Besucherzentrum am Lago di Cecita im Parco Nazionale della Sila will mit Ängsten aufräumen, die beinahe zur Ausrottung des Apenninenwolfs führten. Die Population des scheuen Räubers wird in Süditalien heute auf wenige Hundert Exemplare geschätzt. In freier Wildbahn sind Wölfe nur selten zu beobachten, doch in der Nacht kann man ihr Heulen hören. In den ausgedehnten Bergwäldern Innerkalabriens finden sie ihr letztes Refugium. Jedes Jahr entschädigt die Regierung Bauern für ihr angeblich von Wölfen gerissenes Vieh – dabei trifft die Schuld jedoch meist streunende Hunde.

ZEDRATZITRONE

Der nordwestliche Küstenabschnitt Kalabriens heißt Costa dei Cedri. Der Name bezieht sich nicht etwa auf Zedern, sondern auf die hier heimischen Zedrat- oder Zitronatzitronen. Ihre kandierten Schalen sind unverzichtbare Zutat des deutschen Weihnachtsstollens; und jeden Sommer reisen Rabbiner nach Santa Maria del Cedro, um die kostbaren Früchte für das jüdische Laubhüttenfest zu pflücken – die Religion schreibt für das jüdische Erntedankfest neben Palmwedeln nämlich die *cedri* vor.

> DAS KLIMA IM BLICK

Handeln statt reden

atmosfair

Reisen bereichert und verbindet Menschen und Kulturen. Jedoch: Wer reist, erzeugt auch CO_2. Dabei trägt der Flugverkehr mit bis zu 10 % zur globalen Erwärmung bei. Wer das Klima schützen will, sollte sich somit nach Möglichkeit für die schonendere Reiseform (wie z. B. die Bahn) entscheiden. Wenn keine Alternative zum Fliegen besteht, so kann man mit *atmosfair* handeln und klimafördernde Projekte unterstützen.

atmosfair ist eine gemeinnützige Klimaschutzorganisation.

Die Idee: Flugpassagiere spenden einen kilometerabhängigen Beitrag für die von ihnen verursachten Emissionen und finanzieren damit Projekte in Entwicklungsländern, die dort helfen, den Ausstoß von Klimagasen zu verringern. Dazu berechnet man mit dem Emissionsrechner auf *www.atmosfair.de* wie viel CO_2 der Flug produziert und was es kostet, eine vergleichbare Menge Klimagase einzusparen (z. B. Berlin–London–Berlin: ca. 13 Euro). *atmosfair* garantiert, unter der Schirmherrschaft von Klaus Töpfer, die sorgfältige Verwendung Ihres Beitrags. Auch der MairDumont Verlag fliegt mit *atmosfair*.

Unterstützen auch Sie den Klimaschutz: *www.atmosfair.de*

PASSION UND TARANTELLA

In Kalabrien feiert das Volk seine Heiligen ebenso begeistert wie sich selbst

> Auf den Patronatsfesten liegen Ausgelassenheit und religiöse Inbrunst nah beieinander, und fast immer gehört ein großer Markt dazu. Charakteristisch sind Bootsprozessionen entlang der Küste. In fast jedem Dorf gibt es eine *sagra,* ein Erntedankfest, bei dem ein lokaltypisches Produkt im Mittelpunkt steht. Besucher sind willkommen und werden spontan zum Essen und Trinken eingeladen. Klänge aus einer fremden Welt sind auf den Folklorefesten der albanischen und griechischen Minderheiten zu hören. In einigen Bergorten haben sich viel beachtete Ethnomusikfestivals etabliert. Einen guten Ruf haben auch die Jazzfestivals von Diamante, Roccella Ionica und Crotone.

FEIERTAGE

1. Jan. *(Capodanno);* **6. Jan.** *(Epifania);* **Ostermontag** *(Pasquetta);* **25. April** *(La Resistenza);* **1. Mai** *(Festa del Lavoro);* **2. Juni** *(Festa della Repubblica);* **15. Aug.** *(Ferragosto);* **1. Nov.** *(Ognissanti);* **8. Dez.** *(L'Immacolata);* **25. Dez.** *(Natale);* **26. Dez.** *(Santo Stefano)*

FESTE UND VERANSTALTUNGEN

Februar/März

Carnevale del Pollino: Castrovillari steht Kopf während der bunten Karrenumzüge.

März/April

San Giuseppe Rock in Cosenza lockt Ende März mit Gratiskonzerten. Insider Tipp

★ *Die settimana santa* (Karwoche) wird überall mit ergreifenden Prozessionen gefeiert. Fast die gesamte Bevölkerung von Laino Borgo nimmt alle paar Jahre (unregelmäßiger Turnus) am Karfreitag am Passionsspiel *Giudaica* teil. In der dramatischen *Karfreitagsprozession* von Nocera Terinese bei Lamezia Terme geißeln sich die Gläubigen mit glassplittergespickten Korken.

★ *Vallje:* Am Dienstag nach Ostern strömen Albaner aus ganz Süditalien nach Civita. In Erinnerung an einen Sieg über die Türken wird seit 1467 alljährlich ein Freudenfest gefeiert. In kostbaren Kostümen tanzen Männer und Frauen auf der Piazza Reigen.

Aktuelle Events weltweit auf www.marcopolo.de/events

> EVENTS FESTE & MEHR

Mai

Festa della Bandiera: Am 20. wird in Morano Calabro der Stadtpatron San Bernardino gefeiert. Dem geht ein mittelalterliches Spektakel mit Umzügen voraus, das an einen Sieg über die Mauren erinnert. *www.comunemorano calabro.it*

Juli

Sagra del Pesce Spada: Das Ende der Schwertfischjagd wird in Bagnara Calabra Anfang Juli mit einem großen öffentlichen Schmaus begangen.
Madonna del Carmine: In vielen Orten Kalabriens wird am 16. Juli die Schutzpatronin der Emigranten verehrt.
Festival delle Invasioni: Ende Juli öffnet sich Cosenza Rhythmen aus aller Welt.

Ende Juli/Anfang August

Festival Mediterraneo dei Due Mari: Theater und Konzerte im modernen Freilufttheater von Altomonte
Peperoncino Jazz Festival: lokale und internationale Größen in den schönsten Orten der Provinz Cosenza *(www.pepe roncinofestival.com)*.

August

Palearizza: Den ganzen Monat stehen die Bergdörfer des Aspromonte unter dem Motto „Musik der Welt im griechischen Kalabrien". *www.palearizza.it* Insider Tipp
Rumori Mediterranei (www.roccellajazz.net): Ende August jammen internationale Jazzgrößen in Roccella Ionica am Strand.
★ *Varia:* Am letzten Augustsonntag ziehen in Palmi 200 Gläubige zu Ehren der Jungfrau Maria ein Wolkengebirge aus Pappmaché durch die Straßen. Leider findet das Fest nur alle paar Jahre (unregelmäßiger Turnus) statt.
Umsonst & draußen: Jeden August organisiert die Kulturinitiative Altrosud *(www.altrosud.it)* das hochkarätig besetzte ▶▶ Ethnomusikfestival *Sila In Festa.*

September

Festival del Peperoncino (www.peperon cino.org): scharfes Kultur- und Kulinarikfestival Anfang September in Diamante.

> SCHARFE KOST AUS MEER UND GEBIRGE

Peperoncini und Zwiebelmarmelade, Thunfischeier und Zitroneneis: Kalabriens Küche steckt voll starker Aromen

> Für die Italiener heißt *alla calabrese* schlichtweg scharf. Seit ihn die Spanier im 16. Jh. aus Amerika importiert haben, ist der *peperoncino* Protagonist der kalabrischen Küche. Zum Trocknen aufgehängt, schmücken feuerrote Bündel die Fassaden. Olivenöl wird mit dem Chili aromatisiert, er würzt Salami und Pasta und verleiht der Wurst *'nduja* ihr explosives Aroma.

Tatsächlich ist die kalabrische Küche weit raffinierter als ihr scharfer Ruf. Kalabrien ist ein Gebirgsland mitten im Meer. Das prägt die Vielfalt der Gerichte. Den Grundton geben die naturbelassenen Produkte einer jahrtausendealten Hirten-, Bauern- und Fischerkultur an. Albanische, byzantinische, spanische, ja orientalische Rezepte treffen sich zu einem spannenden mediterranen Mix. In der waldreichsten Region Süditaliens bereichern auch *funghi* (Pilze) und *cinghiali* (Wildschweine) den Speisezettel.

> www.marcopolo.de/kalabrien

ESSEN & TRINKEN

Bodenständige Trattorien im Landesinneren haben meist keine Karte – stattdessen vertrauen alle den Empfehlungen der *mamma.* Den Auftakt bilden lokale Käsesorten und luftgetrocknete Salami, dazu selbst *sott'olio* (in Olivenöl) eingelegte Gemüse und Pilzesowie marinierte Oliven und Holzofenbrot. Seit der Antike liebt man Hülsenfrüchte wie Saubohnen oder Kichererbsen, die nicht nur zu Suppen und Pürees verarbeitet, sondern auch zu hausgemachten Nudeln gegessen werden. Pastasaucen werden gerne aus Lammfleisch mit Tomaten geköchelt. Eigentlich macht so ein *primo piatto,* ein erster (Nudel-) Gang, ja schon satt, wären da nicht die verführerischen *secondi,* die Hauptgerichte, die fast immer ohne *contorni* (Beilagen) serviert werden, wenn Sie sie nicht separat dazubestellen. Besonders gut schmecken Lamm und Zicklein. Sie werden als

Festtagsbraten im Backofen gegart oder stundenlang im Tontopf geschmort. Kein Wunder, dass nach solch üppigen Schlemmereien meist nur frisches Obst gereicht wird.

Szenenwechsel ans Meer: Das feine Terrassenristorante stimmt seine Gäste mit einem verschwenderischen *antipasto di mare* ein: Salat von Tintenfischen mit Stangensellerie, geräucherter Thunfischbauch, frittierte Garnelen, *bruschetta* (Röstbrot), die mit dem „Kaviar des Südens" bestrichen ist, einer Paste aus Babysardellen. Anschließend landen große Pastaschüsseln auf dem Tisch, aus denen sich die Gäste selbst bedienen. Haben Sie z. B. schon einmal Spaghetti mit Schwertfisch und Minze oder mit Thunfischrogen und *mollica* (Bröseln) gegessen? Natürlich werden die Muscheln auf den Nudeln mitsamt ihren Schalen serviert! Zum leichten Hauptgang präsentiert der

> SPEZIALITÄTEN

Genießen Sie die typisch kalabrische Küche!

agnello alla brace – gegrilltes Lamm

alici marinate – marinierte Sardellen

asparagi selvatici – wilder Spargel

baccalà – gesalzener und luftgetrockneter Klippfisch (Kabeljau)

bottarga di tonno – getrockneter, gesalzener Thunfischrogen

caciocavallo – birnenförmiger Kuhmilchkäse, der über eine Stange gehängt an der Luft reift

capretto al forno – im Ofen gebackenes Zicklein

cardi – Stängel wilder Disteln

cipolle di Tropea – süße, rote Zwiebeln

fichi al forno – im Ofen gedörrte Feigen

finocchio selvatico – wilder Fenchel

fior di latte – Kuhmilchmozzarella (Foto)

latte di mandorla – Mandelmilch: Marzipan wird mit Wasser verrührt

liquore di cedro – grüner Likör mit dem Aroma der Zedratzitronen

millecosedde – Gemüsesuppe aus „tausenderlei Sächelchen"

morseddu – geschmorte Innereien im Ringbrot *pitta*

'nduja – höllenscharfe, weiche Wurst aus Schweinemett und *peperoncini*

soppressata – zwischen Holzbrettern flach gedrückte Salami

stoccafisso – luftgetrockneter Stockfisch (Kabeljau)

spremuta d'arancia/di limone – frisch gepresster Orangen-/Zitronensaft

Padrone frische Fische zur Auswahl – der Tagesfang bestimmt das Angebot. Ein seltener Genuss sind Langusten oder der delikate Thunfisch, der scharf gegrillt und mit Olivenöl, Zitronensaft und Kräutern abgeschmeckt wird. Für eine schlichte *frittura di paranza* werden verschiedene Kleinfische in Öl ausgebacken.

Fast überall werden anständige, kräftige Bauernweine ausgeschenkt. Oft spielt der traditionell gekelterte Weiße ins Bernsteinfarbene; aus den Rosinen der Greco-bianco-Traube wird ein kostbarer Dessertwein gepresst. Leichte Weißweine liefert das nahe Sizilien. Jahrzehntelang waren die körperreichen Roten von Cirò, dem größten der zwölf kalabrischen DOC-Anbaugebiete, als einzige über die Region hinaus präsent. Kellereien wie Librandi und die Fattoria San Francesco liefern auch bouquetreiche Rosés. Aufmerksamkeit verdienen außerdem die Cantine Lento und Statti aus Lamezia Terme und Odoardi aus Nocera Terinese. Als uralter und neuer Trend ist der biologische Weinbau auf dem Vormarsch.

Einfache Trattorien im Landesinneren stellen ungefragt einen Krug frisches Quellwasser auf den Tisch. Das Mineralwasser Mangiatorella kommt aus den Serre. Gutes Wasser ist entscheidend für einen guten *caffè*, den Espresso, den die Einheimischen auch nach einem Essen im Restaurant am liebsten im Stehen an der Bar trinken. Probieren Sie nach dem Essen auch einmal den oft hausgemachten Zitrusschnaps!

In ganz Italien berühmt sind die *gelaterie*, die Eisdielen der Provinz Reggio. Eine Eisspezialität, die man im Sommer auch zum Frühstück löffelt, ist *granita*. Dieses erfrischende Sorbet aus zerstoßenen Eiskristallen gibt es in so ausgefallenen Geschmacksrichtungen wie Maulbeere, Bergamotte oder Mandeln. Letztere bilden auch die Grundlage vieler traditioneller Gebäcksorten.

Ein Teller Pasta und eine Karaffe Wein: Die einfachen Genüsse sind oft die besten

Ein abschließendes Wort zu Preisen und Tischsitten: Frischer Fisch ist teurer als Fleisch und steht kaum unter 45 Euro pro Kilo auf der Karte, während Sie in einer Familientrattoria im Landesinneren bereits für unter 15 Euro aufs Beste satt werden. Nach dem Bezahlen erhalten Sie das Wechselgeld auf einem Teller zurück. Lassen Sie, wenn Sie zufrieden waren, mindestens zehn Prozent als *mancia* (Trinkgeld) für den *cameriere* (Kellner) liegen! Das *pranzo* wird kaum vor 13, die *cena* nie vor 20 Uhr serviert. Da das späte Abendessen meist üppig ausfällt, sind Kalabresen beim Frühstück mit einer Tasse *caffè* oder Cappuccino und allenfalls einem *cornetto*, einem Croissant, zufrieden.

SEIDE, DÜFTE UND WÜRSTE

Kalabrisches Kunsthandwerk: Luxusprodukte aus einem kargen Land

> Das vergleichsweise arme Kalabrien überrascht mit einer großen Vielfalt an kunsthandwerklichen oder kulinarischen Souvenirs und Mitbringseln.

DUFT

Wahre Schnäppchen sind kalabrische Duftwässer, gedeiht doch die Bergamotte, Grundlage jedes echten Eau de Cologne, am Fuß des Aspromonte. Originalessenzen gibt es für wenige Euro in den Duftläden am Corso von Reggio di Calabria. Aber Achtung: das Öl nie unverdünnt auf die Haut auftragen und anschließend in die Sonne gehen! Verbrennungen sind sonst die Folge.

HANDGESCHNITZTE PFEIFEN

Das ausgefallenste Geschenk aus Kalabrien sind handgeschnitzte Pfeifen aus Bruyère, dem feuerfesten Wurzelholz der Erika vom Aspromonte. Der Haken an der Sache: Sonderanfertigungen dauern ein paar Wochen. Aber versuchen Sie Ihr Glück, und verbinden Sie den lohnenden Autoausflug in die Serre mit einem Abstecher nach Brognaturo. Hier setzt *Vincenzo Grenci (Viale Dante Alighieri 22)* die Arbeit seines Vaters fort, der bereits den ehemaligen italienischen Staatspräsidenten Sandro Pertini zu seinen Kunden zählte. Spitzenpfeifen fertigt auch *Fabrizio Romeo (Via San Giuseppe 87)* in Reggio di Calabria. Für ein gutes Stück muss man an die 400 Euro investieren. Die besten Pfeifenmacher sind auf Jahre ausgebucht.

KERAMIK

Während in Tropea den Touristen oft sizilianische Massenware angeboten wird, töpfern im Landesinneren Handwerker noch nach alter Tradition. *Paolo Condurso* in Seminara fertigt *spaventose,* furchterregende Masken, die das Böse abwehren sollen, und *babbaluti,* skurrile Vasen in Menschengestalt. In Squillace brennt *Antonio Commodaro* seine irdene Ware in einem Holzofen aus dem 17. Jh.!

> EINKAUFEN

KULINARISCHES

Lassen Sie in Ihrem Reisegepäck auch noch etwas Platz für kulinarische Mitbringsel. Mit einer *'nduja,* der höllenscharfen *peperoncino*-Mettwurst vom Monte Poro, begleitet Sie das Feuer Kalabriens noch monatelang. In vielen Geschäften erhalten Sie die Würste bereits vakuumverpackt fertig zum Transport. Bei einer Fahrt durch die Sila Grande kann man sich an Straßenständen oder in den Geschäften von Camigliatello Silano mit getrockneten Steinpilzen, geräuchertem Käse und luftgereiften Salamis eindecken. Ein letzter, klitzekleiner Gruß aus Kalabrien: Die beste Lakritze der Welt verpackt *Amarelli* aus Rossano in hübsche, nostalgische Blechdöschen.

MUSIK

Ein klangliches Souvenir sind CDs und Kassetten mit kalabrischer Volksmusik, wie sie auf Marktständen und Festen verkauft werden. Fragen Sie nach dem Liedermacher Otello Profazio („Storie e Leggende del Sud")!

SCHMUCK

Die Familie des Papstlieferanten *Giovanni Battista Spadafora* fertigt seit 1700 in San Giovanni in Fiore perlenbesetzte Pretiosen in normannisch-arabischer Tradition. Filmdiven gönnen sich gerne die von antiken Goldschmiedearbeiten inspirierten Schmuckstücke des Juweliers *Gerardo Sacco* aus Crotone.

SEIDE

Im Mittelalter brachten Byzantiner die Kunst der Seidenherstellung ins Land. Immer noch weben die Frauen von Longobucco in der Sila Greca die alten Muster mit der Hand. Besuchen Sie hier den Stammsitz der Familie *Celestino (Via Monaci 14)*, oder gehen Sie in San Giovanni in Fiore bei Domenico Caruso in die „Stoffschule" *Scuola Tappeti Caruso (Via Gramsci 195)*. Bischöfe und Mailänder Couturiers schätzen die edlen Stoffe. In Gerace webt die Frauenkooperative *Aracne (Via Roma)* feinste Tisch- und Betttücher aus Leinen.

> BADEORTE AN DER ZITRUSKÜSTE

Endlose Strände säumen die Küste im Nordwesten Kalabriens zwischen Praia a Mare und Paola

> „Riviera dei Cedri", Küste der Zedratzitronen, hat die Tourismuswerbung den Nordwesten Kalabriens mit seiner Vielzahl etablierter Badeorte getauft.

Trotz vieler Bausünden der Siebziger- und Achtzigerjahre haben sich die meisten Städtchen oberhalb der stark befahrenen Uferstraße SS 18 charmante historische Altstadtkerne bewahrt. Mit Linienbussen oder dem eigenen Auto schnell zu erreichen sind die Naturparadiese der nahen Monti di Orsomarso und der wilden Flusslandschaften des Lao und Argentino.

DIAMANTE-CIRELLA

[116 B5] ★ **Der Zwillingsort (5500 Ew.) besteht aus dem größeren Diamante und dem etwa 5 km nördlich gelegen Cirella.** Die von herrlichen Stränden begleite-

Bild: Strand in Diamante-Cirella

RIVIERA DEI CEDRI

ten Küstenstädtchen bilden eine Oase an der ansonsten unsensibel verbauten Costa dei Cedri. Die Uferpromenade von Diamante säumen Eisdielen, in denen die erfrischende grüne *granita di cedro,* die lokale Sorbetspezialität, angeboten wird.

SEHENSWERTES

MURALES

Als Hauptsehenswürdigkeit gelten in beiden Orten die seit den Achtzigerjahren des 20. Jhs. angebrachten, teilweise verblassten *murales:* Diese Wandmalereien sind ein monumentaler Freiluftkatalog folkloristischer, politischer, erotischer und sozialer Wunschträume.

ESSEN & TRINKEN

LA GUARDIOLA

Das wellblechgedeckte Terrassenrestaurant an der südlichen Uferpromenade von Diamante ist die richtige

DIAMANTE-CIRELLA

25 Jahre jung: Die Murales in Diamante und Cirella sind die Fresken unserer Tage

Adresse für die mit Tintenfischtinte schwarz gefärbten *linguine* (breite Spaghetti). Abends auch Holzofenpizza, lokaler Wein. Pino Perrone, der Bruder des Padrone, nimmt Gäste gern zum Fischen auf dem Kutter mit. *April–Okt. tgl. | Via Lungomare Riviera Bleu | Tel. 09 85 87 67 59* | €€€

Insider Tipp

CAFFÈ NINÌ

Insider Tipp

Antonio „Ninì" Belcastro zaubert in Diamante köstliches *peperoncino*-Eis! *Lungomare Santa Lucia 32*

EINKAUFEN

SAPORE CALABRIA

Würste, Marmeladen, Schokolade, Liköre – und alle mit *peperoncino! Via Lungomare* | *www.saporecalabria.it*

ÜBERNACHTEN

HOTEL DUCALE/VILLA RUGGIERI

Adelspalazzo mit Charme (der einigen Zimmern fehlt) oberhalb einer sauberen Kiesbucht von Cirella. Schöner Garten, Privatstrand und tolle Dachterrasse. Gute Küche, Parkplatz. *24 Zi. | Via Vittorio Veneto 184 | Tel./Fax 098 58 60 51* | *www.ducalehotel.net* | €€

HOTEL RIVIERA BLEU

Freundlich-familiäres Hotel an der südlichen Uferpromenade von Diamante, nur durch die kaum befahrene Uferstraße vom Sandstrand getrennt. *58 Zi. | Via Lungomare Poseidone | Tel. 098 58 13 63 | Fax 098 58 13 63* | *www.hotelrivierableu.it* | €€–€€€

FREIZEIT & SPORT

Das Meer um die Isola di Cirella ist ein Dorado für Schnorchler und Taucher.

STRÄNDE

Zu beiden Seiten von Diamante und Cirella erstrecken sich ausgedehnte Sand- und Kiesstrände.

AUSKUNFT

Via Fausto Gullo 1/Piazza Mancini | Tel. 098 58 11 30 | Fax 09 85 87 77 21 | *www.prolocodiamante.it*

ZIELE IN DER UMGEBUNG

MAIERÀ [116 B5]

Der zusammengekauerte Bergort ist von seinen ursprünglichen Bewohnern weitgehend verlassen worden, aber viele alte Häuser sind in den letzten Jahren als Ferienwohnungen hergerichtet worden. Am Ortseingang gibt es bei der Bäckerin Holzofenbrot und im Metzgerladen luftgetrockneten *capocollo*-Schinken für ein leckeres Piazzapicknick. Toll ist der Blick vom winzigen Dorfplatz über die tiefe Schlucht des Torrente Vaccuta nach Grisolia.

ORSOMARSO Insider Tipp **[116 B4]**

In wilder Gebirgslandschaft (kurvenreiche Anfahrt!) versteckt sich gut 20 km nordöstlich hoch über dem Fiume Argentino das pittoreske Städtchen, das auf eine griechische Mönchsrepublik zurückgeht. Im Westen des Orts führt ein lauschiger Spaziergang zur 1000-jährigen Kapelle *Santa Maria di Mercuri.*

PAOLA **[118 A2]**

Gut 45 km südlich liegt der wichtigste Wallfahrtsort (17 000 Ew.) Kalabriens: Hier wurde im 15. Jh. San Francesco da Paola geboren, nach dem sich heute noch das Münchner Paulanerbräu nennt. Sein verschachteltes Kloster mit Einsiedlergrotte schmiegt sich oberhalb des Orts und der Küstenstraße SS 18 in die Schlucht des Flusses Isca. Der Schutzpatron Kalabriens wird von den italienischen Matrosen angebetet. Sein größtes Wunder war die Fahrt in Begleitung eines Mitbruders über die Straße von Messina – auf seinem Mantel stehend! Dieser *Santo Mantello* wird heute noch in Paola verehrt.

Gaben einer ganzen Küste den Namen: die dickschaligen *cedri*

Besonders lebendig ist die hübsche Altstadt Anfang April, wenn das Fest des Heiligen mit einer Bootsprozession Insider Tipp gefeiert wird. In den Gassen wird zu diesem Anlass ein mehrtägiger Jahrmarkt abgehalten.

SANTA MARIA DEL CEDRO **[116 B4]**

Der bis 1955 Cipollina genannte Ort 5 km nördlich im Tal des Abatemarco ist das Zentrum des Zedratzitronen-

MARCO POLO HIGHLIGHTS

★ **Diamante-Cirella**
Monumentale *murales,* herrliche Strände, und an der Uferpromenade des Zwillingsorts locken die Eisdielen mit erfrischender, knallgrüner *granita di cedro* (Seite 30)

★ **Schlauchbootfahrten**
Rafting auf dem wilden Lao (Seite 34)

★ **Grotta del Romito**
Ein Steinzeitkünstler ritzte vor 11 000 Jahren Auerochsen in den Fels (Seite 35)

anbaus. Im Sommer werden die wertvollen Früchte zum Laubhüttenfest an jüdische Gemeinden in der ganzen Welt geliefert. Köstliche *panicelli,* Leckereien aus den kandierten Schalen, finden Sie bei Insider Tipp *Mirti & Zagare (Via degli Ulivi 99).*

SCALEA

[116 B4] **An der arg zersiedelten Küste hat sich die oberhalb der Schnellstraße SS 18 treppenartig ansteigende Altstadt von Scalea (*scala* = Treppe) ihren eigenen Charakter bewahrt.** Seit einigen Jahren wird hier munter restauriert. Die belebte Strandzone lässt touristisch keine Wünsche offen. Alljährlich feiern die Einheimischen und die zu diesem Anlass zurückgekehrten Emigranten am 16. Juli die Insider Tipp *Festa del Carmine.* Frauen tragen als Votivgaben die *cinte,* aus Wachskerzen gefertigte Körbe, auf ihren Köpfen durch die engen Gassen des Orts.

>LOW BUDGET

- Die Riviera dei Cedri aus der Vogelperspektive erleben und dabei bares Geld sparen können Sie, wenn Sie statt an der Küste in den ursprünglichen Bergstädtchen *Tortora (Brutium | Ortsteil Sarre 5 | Tel. 09 85 57 50 98 | www.brutiumhotel.it | €–€€)* oder *Aieta (Le Due Lanterne | Via Cantogrande 7 | Tel./Fax 098 57 10 96 | www.leduelanterne.it | €–€€)* übernachten.
- Seit Jahren ist Carmela Grillos winziges Lokal *A Cantinella (tgl. | Via Armando Diaz 14 | Tel. 34 76 19 15 08 | €)* eine der besten Adressen von Cirella: leckere Antipasti, Pasta aus dem Ofen und Wein vom Fass – und zwar für wenig Geld.

SEHENSWERTES

CHIESETTA DELLO SPEDALE

Die kleine Basilianerkirche liegt versteckt in der oberen Altstadt nahe der Kirche Santa Maria d'Episcopio. Die Wände schmücken Reste byzantinischer Wandmalereien. *Schlüssel bei Familie Grisolia (Via del Ospedale)*

SAN NICOLA IN PLATEIS

Die weithin sichtbare *chiesa del sotto* liegt am Fuß der Altstadt. In einem Marmorgrab liegt der Großadmiral Ademaro Romano bestattet. *Fr–Mi 9 bis 10.30 und tgl. 17–19.30 Uhr*

ESSEN & TRINKEN

PIZZICA'NDÒ

Urige Trattoria in der oberen Altstadt; auch nette Zimmer. *Im Winter Mo geschl. | Via Gravina 5 (Piazza Cimalonga) | Tel. 33 34 39 85 74 | www.pizzicando.com | €€*

ÜBERNACHTEN

LA RONDINELLA

Die Besitzer des empfehlenswerten Restaurants *(So geschl.)* vermieten nette Zimmer in der Altstadt und auf ihrem nahe gelegenen Landgut. *Via Vittorio Emanuele III 21 | Tel. 098 59 13 60 | www.la-rondinella.it | €€*

FREIZEIT & SPORT

LAO ACTION RAFT

Professionell begleitete ★ Schlauchbootfahrten *(tgl. Juni–Aug.)* auf dem Lao. Im Winter und Frühjahr auch anspruchsvollere Wildwassertouren im Oberlauf des Flusses. Kajakschule und -verleih, Gleitschirmflüge und Tauchen. *Via Lauro 8 | Tel./Fax 098 52 14 76 | www.laoraft.com*

STRÄNDE

Am schönsten sind die Strände im nahen San Nicola Arcella.

AUSKUNFT

Via Kennedy 25 | Tel./Fax 098 59 06 79 | www.scalea.it

PAPASIDERO [116 B4]

Ein Abt (griech. *papas)* Isidoros gründete im frühen Mittelalter diese Mönchssiedlung knapp 20 km im Landesinneren über dem Laotal. Ein klassisches Kalabrienfotomotiv ist die Brücke, die zur Wallfahrtskirche *Santa Maria di Costantinopoli* führt. Kunstliebhaber finden in der kleinen Kirche *Santa Sofia* gut erhaltene Fresken aus dem 16. Jh.

Die breiten Strände von Praia a Mare bieten sportlichen wie gemütlichen Naturen Platz

ZIELE IN DER UMGEBUNG

GROTTA DEL ROMITO ★ [116 B4]

1961 wurde im Laotal gut 30 km nördlich bei Papasidero-Montagna ein über 11 000 Jahre altes Tierbild von faszinierender Dynamik entdeckt. In einen Felsblock vor der Grotte ritzten Steinzeitmenschen einen Auerochsen – ersehnte Jagdbeute? *Nur mit Führung, Juni–Sept. tgl. 9–13 und 16–20, Okt.–Mai 9–17 Uhr*

PRAIA A MARE/ SAN NICOLA ARCELLA [116 B4]

Zwei beliebte Badeorte 5 bzw. 10 km nördlich. *Praia a Mare* lockt mit schönen Sand- und Kieselstränden, Wasservergnügungspark sowie Paddelbootfahrten zur *Isola di Dino* mit geheimnisvollen Meeresgrotten. Die Altstadt von *San Nicola* thront auf einem Felssporn. Die schönsten Strände sind am Arco Magno.

> BERGDÖRFER UND HEISSE QUELLEN

Bizarre Panzerkiefern und albanisches Brauchtum in den Bergen, buntes Badeleben am Ionischen Meer

> Jahrhundertelang ein Verkehrshindernis: Als mächtiger Kalksteinriegel legt sich das Pollinomassiv, dessen höchster Gipfel Serra Dolcedorme (2267 m) sich an der Grenze zur Basilikata erhebt, an einer der schmalsten Stellen der Appenninhalbinsel quer.

Längst garantiert die Autostrada del Sole die schnelle Erreichbarkeit der Stiefelspitze. Bilderbuchorte wie Altomonte und Morano Calabro eignen sich gut als Basisquartiere für die Erkundung des ★ *Parco Nazionale del Pollino (www.parcopollino.it).* Mit 2000 km² ist er der größte Nationalpark Italiens und erstreckt sich bis in die Region Basilikata. Botanisches Markenzeichen der grandiosen Bergwelt sind die von Stürmen bizarr verdrehten Panzerkiefern *(pino loricato).* In vielen Bergdörfern hat sich über die Jahrhunderte albanisches Brauchtum lebendig erhalten. Erfrischung und Badespaß bieten die

Bild: Civita

POLLINO UND SIBARI

Strände an der ionischen Küste vom antiken Sybaris bis zur byzantinischen Mönchsmetropole Rossano. Eine Tour durchs Pollinogebirge finden Sie im Kapitel „Ausflüge & Touren“.

ALTOMONTE

[116 C5] ★ ▸▸ **Das liebevoll restaurierte 5000-Ew.-Städtchen wartet mit Kunstwerken von überraschender Qualität auf.** Die herrschenden Adelsfamilien der Sangineto und Sanseverino spielten eine wichtige Rolle am neapolitanischen Königshof der Anjou und verpflichteten als Mäzene prominente Künstler in die Provinz. Altomonte hat sich zu einem Modell für niveauvollen und sozialverträglichen Tourismus entwickelt. Ateliers, traditionelles Handwerk, „Hotels de Charme“ in historischen Altstadtbauten und Trattorien mit unverfälschter Kost sorgen für ein entspanntes Flair, wie man es sonst an den Kunststädten der Toskana schätzt.

SEHENSWERTES

MUSEO CIVICO

Im Dominikanerkonvent neben der Kirche Santa Maria della Consolazione schrieb Tommaso Campanella 1588/89 an seinem Hauptwerk „Der Sonnenstaat". Heute beherbergt das Kloster ein exquisites Museum. Kunstgeschichtliches Highlight ist ein Simone Martini (1284–1344) aus Siena zugeschriebenes Temperabild des heiliggesprochenen ungarischen Anjoukönigs Ladislaus. *Mo 10–13 und 16–19, Di–So 9–13 und 16.30 bis 18 Uhr | Piazza Tommaso Campanella*

SANTA MARIA DELLA CONSOLAZIONE

Die Kirche „Mariä Tröstung" gehört zu den kostbarsten der kalabrischen Anjougotik. Im Inneren ließ sich der 1377 gestorbene Stadtherr ein Marmorgrab mit aufwendigem Figurenprogramm meißeln.

Santa Maria della Consolazione repräsentiert den Baustil der Anjougotik

ESSEN & TRINKEN

IL RISTORO DEL PRINCIPE

Traditionelle Gerichte in einem netten Altstadtlokal. *Mo geschl. | Piazza Tommaso Campanella 5 | Tel. 09 81 94 87 43* | €€

ÜBERNACHTEN

HOTEL BARBIERI

Die Hälfte der geräumigen Zimmer bietet einen Traumblick auf die Stadt. Großer Garten und Pool. Enzo Barbieri vermietet auch edle Apartments in der Altstadt. Dem Restaurant des Hotels eilt sein guter Ruf voraus. Beginnen Sie Ihr Mahl mit einem Reigen raffinierter Antipasti! *42 Zi. | Via Italo Barbieri 30 | Tel. 09 81 94 80 72 | Fax 09 81 94 80 73 | www.barbierigroup.it* | €€–€€€

HOTEL FOOD & DRINK

Junges Hotel am Altstadtrand, die freundlichen Besitzer sprechen perfekt Englisch. Internetpoint und *pub-enoteca. 11 Zi. | Via Aldo Moro 14 | Tel. 09 81 94 48 49 | www.hotelfood-drink.it* | €–€€

AUSKUNFT

Largo della Solidarietà 1 | Tel. 09 81 94 88 04 | www.comunedialtomonte.it

CASTROVILLARI

[117 D4] Das erfrischend untouristische, lebendige Landstädtchen (23 000 Ew.) ist der Hauptmarkt des Pollino. Wer mit dem Auto kommt, gerät fast zwangsläufig auf den schnurgeraden Corso Garibaldi und parkt am besten beim Largo Cavour, um die Civita genannte Altstadt zu Fuß zu erkunden.

SEHENSWERTES

CASTELLO ARAGONESE

Erst Burg, dann Gefängnis, heute Museum: Das typische Schicksal süditalienischer Wehrbauten teilt auch das 1490 unter dem neapolitanischen König Ferdinand I. von Aragón erbaute Stadtkastell. *Sommer tgl. 9–13 und 15–22 Uhr*

SANTUARIO DELLA MADONNA DEL CASTELLO

Vergebens versuchten die Normannen auf diesem Hügel eine Festung zu errichten, die Mauern stürzten immer wieder ein. Eine wundertätige Ikone belehrte sie über den wahren Wunsch des Himmels: eine Kirche, die heute noch das Marienbild beherbergt. Der Spaziergang wird mit einem bestechenden Panoramablick belohnt. *Tgl. 9–12 Uhr*

ESSEN & TRINKEN

LA LOCANDA DI ALIA

Im Spitzenrestaurant der Brüder Alia gerät die kalabrische Küche, auf raf-

MARCO POLO HIGHLIGHTS

★ **Parco Nazionale del Pollino**
Ein Nationalpark der Superlative (Seite 36)

★ **Altomonte**
Kunst und Küche bilden hier das Kapital (Seite 37)

★ **Canyon des Raganello**
Die tiefste Felsschlucht des Pollino bei Civita (Seite 40)

★ **Kamastra**
Schmaus in der albanischen Trattoria in Civita (Seite 41)

★ **Morano Calabro**
Der Ort ist ein einziges Belvedere (Seite 43)

★ **Codex Purpureus**
Kostbare Evangelienhandschrift in Rossano (Seite 44)

finierte Art neu interpretiert, zur Augen- und Gaumenweide. Wer möchte, kann hier stilvoll (und teuer) übernachten. *So geschl. | Via Jetticelle 55 | Tel. 098 14 63 70 | Fax 098 14 63 70 | www.alia.it* | €€€

EINKAUFEN

Insider Tipp

BASILIO MIRAGLIA

Die Weinkelterei in Eianina di Frascineto auf halbem Weg nach Civita ist etwas ganz Besonderes: Zuweilen trägt die charmante Inhaberin und Rechtsanwältin Teresa im stimmungsvollen Keller Gedichte auf *arbëreshe* vor. Guter Rosé und erlesener trockener Dessertwein. *Via Corvo 11 | nach Voranmeldung unter Tel. 098 13 20 16*

ÜBERNACHTEN

JOLÌ

Renoviertes Hotel mit komfortablen Zimmern und gutem Restaurant. Ruhig im Zentrum gelegen, mit Parkplatz. *42 Zi. | Corso Garibaldi 93 | Tel. 098 12 11 22 | Fax 098 12 86 53 | www.jolihotel.it* | €€–€€€

>LOW BUDGET

> Bungalows und Zeltplätze im Pinienhain am Meer: Auf dem *Camping Pineta di Sibari (Cassano allo Ionio-Sibari, Ortsteil Fuscolara | Tel. 098 17 41 35 | www.pinetadisibari.it)* unter deutsch-italienischer Leitung kommen Sie günstig unter.

> Gutes Essen muss nicht unbedingt teuer sein. Den Beweis liefert in Civita die *Pizzeria L'Antico Ulivo (Di geschl. | Corso Umberto I 56 | Tel. 098 17 33 33 | €).*

AUSKUNFT

Corso Garibaldi 160 (Palazzo Varcasia) | Tel. 09 81 20 95 95 | www.prolococastrovillari.it, wwww.castrovillari.info

CIVITA (ÇIFTI)

[117 D4] **Das 1471 von albanischen Flüchtlingen gegründete Çifti (1100 Ew.) ist mit seinen ausgezeichneten Trattorien, seinen kleinen Läden, Bäckereien und freundlichen Bars ein idealer Platz, um der Kultur der Arbëreshe zu begegnen.** Der Ort, dessen albanischer Name „Adlerhorst" bedeutet, wird erst im letzten Moment von der Straße aus sichtbar. Er ist ein guter Ausgangspunkt für spektakuläre Wanderungen in den Parco del Pollino.

SEHENSWERTES

CANYON DES RAGANELLO ★

Von der Hauptpiazza geht es in einer halben Stunde in engen Serpentinen hinab zur Raganelloschlucht mit dem *Ponte del Diavolo* (Teufelsbrücke). Von dort aus klettert ein noch auf die Antike zurückgehender, überwucherter Felspfad *(Via del Peperoncino)* durch die Macchia bis auf den *Monte Demonio*. Mehrere Hundert Meter tief stürzen die Felswände hier zum Raganello ab (unbedingt Bergführer mitnehmen!).

MUSEO ETNICO ALBANESE (MUSEO ETNIK ARBËRESHE)

Insider Tipp

Trachten, Bilder vom albanischen Nationalhelden Skanderbeg, Fotos vom Pollino und der *vallja*, dem archaischen österlichen Freudentanz, lassen sich in diesem winzigen Museum anschaulich studieren. Auch eine Zeitung auf Albanisch wird herausgegeben. *Mo–Fr 9–13 und 16 bis 20 Uhr | Piazza Municipio*

SANTA MARIA ASSUNTA

Vor wenigen Jahren wurde die Kirche wieder mit griechisch beschrifteten

Die spektakuläre Raganelloschlucht sollten Sie am besten mit einem Bergführer erkunden

Ikonen geschmückt, meist von der Hand kretischer Maler. Die katholischen Heiligenstatuen wanderten dafür in Schränke und Depots. Heute wird die Messe wieder nach orthodoxem Ritus auf *arbëreshe* und Griechisch gelesen – typisch für unierte Kirchen Süditaliens, die den Papst als Oberhaupt anerkennen, aber die Besonderheiten ihrer Liturgie beibehalten dürfen.

ESSEN & TRINKEN

KAMASTRA ★

Eine kulinarische Offenbarung in stimmungsvollem rustikalem Ambiente: einfache, aber köstliche Gerichte wie *tumacme qiqrat* (Pasta mit Kichererbsen), Pilze, Zicklein und selbst gemachte Salami. *Im Winter Mi geschl. | Piazza Municipio 3–6 | Tel. 098 17 33 87 | www.kamastra.net* | €€

ÜBERNACHTEN

IL BELVEDERE

Insider Tipp

Die beste Adresse in der kleinen Gasse am Ortsrand, in der sich mehrere B & Bs versammeln. Gianluca Colaci versorgt seine Gäste darüber hinaus

An der Grenze zur Basilikata thront die Ruine der Stauferburg Rocca Imperiale

mit nützlichen Tipps. *4 Zi. | Corso Cavalotti 27 b | Tel./Fax 098 17 32 32 | www.bebparcopollino.it | €€*

FREIZEIT & SPORT

Insider Tipp Bergführer Emanuele Pisarra kennt nicht nur jeden Weg und jede Pflanze des Pollino, sondern weiß auch (auf Italienisch und Englisch) begeisternd von der Kultur und dem Alltag seines Heimatdorfs zu erzählen. Er begleitet kurze und lange Wanderungen und organisiert Jeeptrekkingfahrten zu den Gipfeln. *Via Gennaro Placco 12 | Tel. 33 38 73 28 29 | www.acalandrostour.it*

AUSKUNFT

Das *Centro di Interpretazione Ecomuseo del Paesaggio Valle del Raganello* informiert auch zum Nationalpark Pollino. *Vico di Garibaldi | Tel. 098 17 30 12*

ZIELE IN DER UMGEBUNG

CERCHIARA DI CALABRIA [117 D4]

Vom Zentrum des 25 km nordöstlich gelegenen Orts (3000 Ew.) führt eine spektakuläre, mehrstündige Rundwanderung hinauf zum *Santuario Santa Maria delle Armi,* das auch mit dem Auto zu erreichen ist. Von der als Wallfahrtsziel verehrten Grottenkirche bietet sich ein großartiger Fernblick. Im *Ristoro Al Santuario (April–Sept. Mi geschl. | Tel. 33 37 64 25 58 | €)* können sich Pilger und Ausflügler bei rustikaler Kost stärken. Feinschmecker laben sich nach der Rückkehr in den Ort an Hirtenküche mit Ricotta und Wildspargel in der traumhaften *Locanda Campanile (Mo geschl. | Via Caputi 18–20 | Tel. 09 81 99 16 36 | €€).*

Unterhalb des friedlichen Bergstädtchens locken ländliche *Schwefelthermen (Mai–Sept. tgl. 8–19.30, Juli/Aug. bis 22 Uhr)* mit der Insider Tipp *Grotta delle Ninfe* (Nymphengotte), in denen vor zweieinhalb Jahrtausenden schon die antiken Sybariten kurten.

ROCCA IMPERIALE [117 E2]

Die imposante Ruine der 1644 von Türken geplünderten Stauferfestung erhebt sich 65 km nordöstlich von

Civita nördlich des Capo Spulico in 204 m Höhe an der Grenze zur Basilikata. Besonders fotogen ist der Anblick der von Friedrich II. errichteten Burg vom Landesinneren aus.

MORANO CALABRO

[116 C4] ★ **Schon von weitem einer der schönsten Orte Kalabriens: Morano (5000 Ew.) zieht sich als verschachtelte Pyramide eine Bergkuppe hinauf.** Im Hintergrund bildet das bis ins späte Frühjahr verschneite Kalksteinmassiv des Pollinogebirges eine majestätische Kulisse. Stundenlang kann man durch das Labyrinth der engen Gassen und steilen Treppenwege streifen. Auf der Spitze des Stadthügels lockt die Ruine des normannischen Kastells mit einem atemraubenden Panorama.

SEHENSWERTES

SAN BERNARDINO DA SIENA

Die demonstrativ schmucklose Abteikirche wurde im 15. Jh. für den in ganz Italien populären franziskanischen Prediger gebaut, der auch Stadtpatron von Morano ist. Meisterwerke der Holzschnitzkunst sind die Predigtkanzel und die Kassettendecke. Das Patronatsfest des Heiligen, der vehement für die Geschlechtertrennung während des Gottesdiensts eintrat, wird mit großem Prunk am 20. Mai begangen. *Tgl. 10–12 und 17 bis 19 Uhr*

SANTA MARIA MADDALENA

Bunte Majolikakuppeln im spanisch-süditalienischen Stil schmücken die Barockkirche am unteren Ortsrand. Hier werden Kunstschätze aus Morano verwahrt. Kostbarstes Exponat ist der goldgrundige Flügelaltar (1477) des Malers Bartolomeo Vivarini aus Murano: Das einstige Hauptaltarbild der Chiesa San Bernardino wird hier nach wiederholten Diebstählen durch Gitter gesichert in der Sakristei gezeigt. *Tgl. 10–12 und 17–19 Uhr*

ESSEN & TRINKEN

LA CANTINA

Insider Tipp

Das Lieblingsrestaurant der Einheimischen brilliert mit hausgemachter Pasta. *Mo geschl. | Piazza Croce 21 | Tel. 098 13 10 34* | €

LE PRATOLINE

Insider Tipp

Urige Hausmannskost. Die gemütliche Berghütte zwei Minuten von

In vielen Orten hängen *peperoncini*-Schoten zum Trocknen in der Sonne

der Autobahnausfahrt Campo Tenese vermietet im Sommer auch einfache Zimmer. *Sa und außer im Sommer abends geschl. | Ortsteil Campo Tenese | Tel. 098 13 39 60 | €*

ÜBERNACHTEN

LA LOCANDA DEL PARCO

Netter *agriturismo*-Betrieb 2 km von der Autobahnausfahrt Morano Calabro/Castrovillari und 6 km vom Ort entfernt. Es gibt opulentes Essen und ein Wellnesscenter, und es wird Pferdetrekking im Pollino angeboten. *10 Zi. | Ortsteil Mazzicanino | Tel. 098 13 13 04 | Fax 098 13 13 04 | www.lalocandadelparco.it | €€*

VILLA SAN DOMENICO

Luxuriöses Hotel in einem alten Adelspalazzo mit Garten am Fuß der Altstadt. *12 Zi. | Via Sotto gli Olmi | Tel. 09 81 39 99 91 | Fax 098 13 05 88 | www.albergovillasandomenico.it | €€€*

FREIZEIT & SPORT

Hoteliers und Pensionswirte vermitteln ihren Gästen den Kontakt zu Bergführern des Parco del Pollino und bieten Ausflugspakete an.

AUSKUNFT

nur online: *www.comunemoranocalabro.it*

ROSSANO

[117 E5] Die nie von Sarazenen eroberte schöne Hügelstadt (35 000 Ew.) in den nördlichen Ausläufern der Sila Greca war jahrhundertelang das politische und religiöse Zentrum der byzantinischen Mönchskultur Kalabriens. Größter Schatz des Bergstädtchens, das auch heute noch fast wie eine griechische Plaka wirkt, ist der Purpurkodex, eine aus Syrien oder dem Heiligen Land stammende Bibelhandschrift des 6. Jhs.

SEHENSWERTES

MUSEO DIOCESANO D'ARTE SACRA

Das moderne Diözesanmuseum mit Videosaal ist ein würdiger Rahmen für den ★ *Codex Purpureus.* Die Bedeutung der mit silberner Tinte auf purpur gefärbtem Pergament gemalten Evangelienhandschrift in griechischer Sprache wurde erst 1879 von dem evangelischen Theologen Adolf Harnack entdeckt. Interessantes Detail: Beim Abendmahl liegt Christus mit den Jüngern – wie in der Antike

> KATHEDRALEN IN DER WÜSTE

Wie Fata Morganas: Industrieanlagen ohne Infrastruktur

Kalabresen reißen Witze über ihre völlig schadstofffreien Industrieanlagen wie jene Düngemittelfabrik bei Melito di Porto Salvo, die ihren Betrieb nie aufgenommen hat. Das Stahlwerk von Gioia Tauro, ein Musterbeispiel verfehlter Entwicklungspolitik, die nicht zuletzt in die Taschen der *'ndrangheta* wirtschaftete, wurde nie gebaut. Fertiggestellt wurde lediglich das Hafenbecken von immensen Ausmaßen. Überall in Italiens unterentwickeltem Süden, dem Mezzogiorno, trifft man auf solche Zeugnisse einer gescheiterten Industrialisierungs- und Entwicklungspolitik.

üblich – auf einem Speisesofa! *Di bis So 9–12 und 16–19 Uhr | Via Arcivescovado*

SAN MARCO

Kräftige Pfeiler stützen im Inneren die fünf Kuppeln des kleinen Gotteshauses am südlichen Ortsrand – ein besonders reizvolles Beispiel byzantinischer Architektur in Unteritalien. *Sommer tgl. 9–13 und 16.30–20.30, sonst 9–12 und 16–19 Uhr*

SANTISSIMA ACHIROPITA

Acheiropoieta bedeutet auf Griechisch „nicht von (Menschen-)Hand gemacht“. Ein angeblich von Engeln gemaltes Fresko des 8. Jhs. wird hinter einem Barockgitter in der zu Beginn der normannischen Epoche erweiterten Kirche verehrt.

ESSEN & TRINKEN

LA BIZANTINA

Terrassentrattoria unterhalb von San Marco. Üppige Antipasti, Holzofenpizza und hausgemachte Pasta. *Mo und mittags geschl. | Corso Garibaldi 246 c | Tel. 09 83 52 53 40 | €€*

Abenddämmerung am Rathausplatz in Rossano: Nach der Mittagshitze kehrt langsam das Leben zurück auf die Straßen und Plätze der Stadt

EINKAUFEN

LIQUIRIZIA AMARELLI

Insider Tipp

Bereits seit 1731 raspelt Familie Amarelli Süßholz und macht daraus Lakritz und Likör. Montags bis samstags um 10 und 18.30 Uhr ist das schöne Museum zu besichtigen. *Ortsteil Amarelli | SS 106 | Rossano Scalo | www.museodellaliquirizia.it*

ROSSANO

Filigrane Mosaiken: Fußboden des byzantinischen Patirion-Klosters bei Rossano

ÜBERNACHTEN

LE COLLINE DEL GELSO

Das Gutshaus der Familie Mazzei, ein ehemaliger Konvent aus dem 18. Jh., liegt inmitten ausgedehnter Olivenhaine einige Kilometer westlich. Komfortable Gästezimmer, einige mit eigener Küche. Das Restaurant verarbeitet Bioprodukte vom Hof, öffnet jedoch nur im Sommer. Reitausflüge können organisiert werden. *10 Zi. | Contrada Gelso Mazzei | SS 106 km 327 | Tel. 09 83 56 91 36 | www.lecollinedelgelso.com* | €€€

IL GIARDINO DI ITI

Baronessa Bebé Cherubini empfängt ihre Gäste in den ehemaligen Wirtschaftsräumen ihrer *masseria* (Gutshof). Kinder können im grünen Innenhof sicher spielen. Das Essen ist ausgezeichnet, die Zutaten stammen aus biologischem Anbau. *12 Zi. | Ortsteil Amica | von der SS 106 Richtung Paludi abbiegen | Tel. 098 36 45 08 | www.giardinoiti.it* | €€

FREIZEIT & SPORT

Am Patirion gibt es markierte Wanderwege. Mit guten Tipps und qualifizierten Führungen (auch in Fremdsprachen) hilft die *Cooperativa Neilos (s. Auskunft)* weiter.

STRÄNDE

Einsamer als der Lido Sant'Angelo sinddie schönen Strände am 10 km östlich gelegenen Capo Trionto.

AM ABEND

Im Sommer ist am Lido Sant'Angelo immer was los, hier konzentriert sich das Freizeitangebot.

AUSKUNFT

Cooperativa Neilos | Piazza Duomo 25 | Tel. 09 83 52 52 63 | Fax 09 83 52 52 63 | neilos@tiscalinet.it | www.comune.rossano.cs.it

ZIELE IN DER UMGEBUNG

PATIRION (SANTA MARIA DEL PATIRE) [117 E5]

Österreichische Kriegsgefangene bauten im Ersten Weltkrieg die steile Serpentinenstraße, die zu dem einsam

20 km westlich in 609 m Höhe gelegenen Basilianerkloster führt. Eine wunderschöne Wanderung geht auf halber Höhe rechts ab (Wegweiser). Durch Steineichenwälder und würzig duftende Macchia führt der Pfad in einer knappen Stunde zum Ziel. Das Patirion wurde um 1100 von dem byzantinischen Abt Bartholomaios von Simeri gegründet. Den Boden schmücken Tiermosaiken des 12. Jhs. im Stil der apulischen Kathedrale von Otranto.

SAN DEMETRIO CORONE (SHËN MITER) [117 D5]

Der Bergort knapp 45 km westlich ist ein Zentrum der Arbëreshekultur. Am Ortsrand Richtung Acri birgt die *Abbazia di Sant'Adriano* kostbare mittelalterliche Fußbodenmosaiken mit lustigen Tiermonstern. Sollte der Kustode nicht anwesend sein, im Ort nach den *vigili urbani* fragen.

SIBARI (SYBARIS) [117 E5]

Sybaris wurde im 8. Jh. v. Chr. von achäischen Griechen gegründet. Die reichen Sybariten verlegten Weinleitungen in ihrer Stadt und veranstalteten Kochwettbewerbe. 510 v. Chr. machten die Truppen Krotons unter Führung des Olympiasiegers Milon dem ein Ende: Sybaris wurde zerstört. Im ab 444 v. Chr. mit attischer Hilfe wiederbegründeten Thurioi zog als prominentester Neubürger der „Vater der Geschichte", Herodot aus Halikarnassos, zu. Der Stadtplaner Hippodamus von Milet entwarf für die griechische Neugründung einen rechtwinkligen Straßengrundriss, wie er sich in vielen Städten Nordamerikas wiederfindet.

Die immer noch fragmentarischen Ausgrabungen *(Scavi di Sibari | SS 106 km 24 | tgl. 9 Uhr–1 Std. vor Sonnenuntergang)* 30 km nordwestlich von Rossano haben die breite Hauptstraße, Reste von Thermen und Theatern sowie ein römisches Tor freigelegt. Die schönsten Funde sind ein paar Hundert Meter weiter im *Museo Archeologico Nazionale della Sibaritide (tgl. 9–18.30, Juli/Aug. 9 bis 20 Uhr, 1. und 3. Mo im Monat geschl. | Via Casoni, Abzweigung am km 25 der SS 106)* ausgestellt.

> BLOGS & PODCASTS

Gute Tagebücher und Files im Internet

- > *http://bleedingespresso.com* – Eine junge Italoamerikanerin reist nach Kalabrien, um den Ort ihrer Vorfahren kennenzulernen ... und bleibt ... und schreibt.
- > *www.sciroccorosso.org* – Engagierter Politik- und Umweltblog von Francesco Cirillo aus Diamante.
- > *www.radioblogclub.com* – Hier können Sie u. a. die Songs der kalabrischen Folklegende Otello Profazio hören.
- > *www.google.com/alerts* – Hier können Sie sich eintragen und per E-Mail gratis Webnews zu Kalabrien abonnieren.

Für den Inhalt der Blogs & Podcasts übernimmt die MARCO POLO Redaktion keine Verantwortung.

> DIE KALABRISCHE SCHWEIZ

Und zu Füßen des waldreichen Hochplateaus im Herzen Kalabriens: das „kalabrische Athen"

> Athen und die Schweiz treffen sich in Kalabrien. Mit diesen Attributen schmücken sich Cosenza, die etwas baufällige, aber prunkvolle Stadt der Philosophen, und die Sila mit ihren Skiliften.
Dieses bis knapp 2000 m hohe, naturgeschützte Gebirge voller Stauseen ist ein ideales Terrain für vielerlei Sportarten und wird von Süditalienern geliebt, während Nordlichter eher verblüfft auf die Kiefern-, Weißtannen- und Buchenwälder reagieren.

Bild: Lago di Cecita

COSENZA

KARTE IN DER HINTEREN UMSCHLAGKLAPPE

[118 B2–3] **Die antike Kapitale der Bruttier am Zusammenfluss von Crati und Busento wartet mit der wohl imposantesten Altstadtkulisse Kalabriens auf.** Die 73 000 Cosentiner sind stolz auf den Ehrentitel „Athen Kalabriens". Die Universitätsstadt besitzt eine lebendige Kulturszene mit Literatencafés

COSENZA UND DIE SILA

und dem Teatro Rendano und orientiert sich gerne an Neapel. An der örtlichen Akademie lehrte der von Hegel bewunderte Philosoph Bernardino Telesio (1509–1588), sein Denkmal grüßt von der Piazza XV Marzo am Ende des Corso Telesio. Das Projekt eines seinem Schüler Tommaso Campanella gewidmeten *parco letterario (www.parchiletterari.com/campanella)* wird mit Engagement vorangetrieben.

Wer die ★ ▶▶ Altstadt von Cosenza nur während der langen Siesta durchstreift, die im Sommer bis 17 Uhr dauern kann, verpasst das Beste. Die meisten der charmanten Antiquitätengeschäfte, Kunstgalerien, Bars und Buchläden, die den Corso Telesio säumen, sind dann geschlossen. Abends zieht es die Jugend zum Feiern in die „Freiluftbühne" des historischen Zentrums, das zunehmend renoviert wird, ohne dass man deswegen die malerische Patina der abblätternden Hausfassaden antastet.

Cosenza, das ist aber auch die weitaus größere Neustadt, die mit dem Vorort Rende zusammengewachsen ist. Hier, wo die moderne Campusuniversität angesiedelt ist, zeigt sich ein wirtschaftlich aufblühendes Kalabrien. Boutiquen fast aller Nobelmarken sind vertreten, und schicke Bars bieten ein Refugium vor dem starken Autoverkehr.

Straßenszene in Cosenzas Altstadt

SEHENSWERTES

CASTELLO SVEVO

Sarazenen, Normannen, Staufer, Anjou und Aragonesen haben an der mächtigen Festung auf dem Colle Pancrazio gebaut, die durch zahlreiche schwere Erdbeben beschädigt wurde. Seit Jahren ist die Anlage, auf der Heinrich VII. gefangen saß, restauriert und öffentlich zugänglich. Toller Blick über die Altstadt. *Tgl. 8 bis 20, Juli/Aug. 8–24 Uhr*

CONVENTO SAN DOMENICO

Die Dominikanerkirche bei der Busentobrücke Ponte Alarico in der Neustadt wurde im 15. Jh. unter der Adelsfamilie Sanseverino di Bisignano erbaut und im 18. Jh. ausgeschmückt. Ein Juwel des kalabrisch-spanischen Barocks ist die *Cappella del Rosario* (Rosenkranzkapelle) mit einer vergoldeten Kassettendecke. *Piazza Campanella*

DUOMO

Mitten in der Altstadt erhebt sich an einer unregelmäßigen, ansteigenden Piazza die Kathedrale, die 1222 in Anwesenheit des Stauferkaisers Friedrich II. neu geweiht wurde. Zisterziensische Schlichtheit des Dekors prägt Außen- und Innenraum. Ein Kunstwerk von internationalem Rang ist das gotische Grab der Isabella von Aragón links im Chorraum. Bei der Rückkehr vom Tuniskreuzzug stürzte die schwangere Gattin des französischen Königs Philipp des Kühnen 1271 bei der Überquerung des Savuto tödlich vom Pferd. Französische Künstler, vielleicht vom neapolitanischen Hof der Anjou, schufen ihr Bildnis in eleganter Hoftracht.

MUSEO ALL'APERTO

Cosenza verdankt seine jüngste Kunstattraktion dem enagierten Mäzenatentum des gebürtigen Cosentiners und Wahlamerikaners Carlo Bilotti. Flaniert man durch die neue Fußgängerzone über den Corso Mazzini, begleiten einen Skulpturen von Giorgio De Chirico, Emilio Greco, Salvador

Dalí und Pietro Consagra. Von Sacha Sosno stammt eine moderne Interpretation der Bronzen von Riace. Das Freiluftmuseum können Sie auch virtuell besuchen *(www.mapcosenza.it)*.

ESSEN & TRINKEN

TAVERNA L'ARCO VECCHIO

Originelle Traditionsküche im gemütlichen Gewölbe eines alten Palazzos. *Mo geschl. | Piazza Archi di Ciaccio 21 | Tel. 098 47 25 64 |* €€

DA GIOCONDO

Silaküche in Hochform: hausgemachte Pasta, Pilze und Forellen. *So-Abend geschl. | Via Piave 53 | Tel. 098 42 98 10 |* €€–€€€

GRAN CAFFÈ RENZELLI ▶▶

Das Café im Libertystil ist ein Ort literarischer und musikalischer Begegnungen. Köstliche *dolci* und *caffè viennese* mit Domblick. *Corso Telesio 46 | www.grancafferenzelli.it*

ÜBERNACHTEN

EXCELSIOR

Künstler und Kenner steigen in diesem geschmackvoll restaurierten Hotelbau der Zwanzigerjahre gegenüber vom Bahnhof der Ferrovie della Calabria und wenige Gehminuten von der Altstadt ab. Gutes Restaurant. Zimmer nach hinten verlangen und rechtzeitig reservieren! *40 Zi. | Piazza Matteotti 14 | Tel./Fax 098 47 43 83 | www.htlexcelsior.it |* €–€€

Hinter dem Dom: Blick auf die ausgegrabenen Reste des antiken Cosenza

SAN FRANCESCO

Bei Geschäftsleuten ist das komfortable Hotel im Ortsteil Rende beliebt. *130 Zi. | Via Ungaretti 2 | A 3 Ausfahrt Cosenza Nord | Tel. 09 84 46 17 21 | Fax 09 84 46 45 20 | www.hsf.it |* €€€

AM ABEND

Auf der Piazza Duomo und im Stadtpark Villa Comunale treffen sich die *ragazzi*. Beliebte Altstadttreffs sind das ▶▶ *Mojito (Mo geschl. | Piazza dei Valdesi 5 | www.elmojito.it)*, wo zu Salsa- und Merengueklängen kubanische Cocktails serviert werden, und der ▶▶ *James Joyce Irish Pub (Mo geschl. | Via Cafarone 19)*. In der Unistadt Rende zählen das ▶▶ *Plaza Café*

MARCO POLO HIGHLIGHTS

★ **Altstadt von Cosenza**
Neuer Schwung in der alten Stadt am Busentoufer (Seite 49)

★ **Giganti della Sila**
Riesenbäume in der „kalabrischen Schweiz" bei Camigliatello (Seite 55)

(Piazza Matteotti 2) und der ▶▶ *B Side Pub (Via Fratelli Bandiera 98 | www.bsidepub.it)* zu den Inplätzen.

BEAT MUSIC CLUB ▶▶

Lockere Clubatmo in nettem Terrassenlokal am Dom. Bluesmusik oft auch live. Bier, Cocktails und Kleinigkeiten. *Im Winter Di/Mi geschl. | Piazza Duomo 4–8*

CASA DELLE CULTURE

Filme und Ausstellungen in einem Altstadtpalazzo. *Corso Telesio 98 | www.casadelleculture.it*

TEATRO RENDANO

Im klassizistischen Stadttheater von Cosenza werden Opern und Schauspiele aufgeführt. *Piazza XV Marzo | Tel. 098 42 28 35 | www.teatrorendano.it*

>LOW BUDGET

- Komfortable Budgetbleibe mit Internetpoint, Gästeküche und kleinem Garten am Ostufer des Fiume Crati, die Altstadt von Cosenza im Blick und in Gehdistanz: *Ostello Re Alarico (Vico II. Giuseppe Marini Serra 10 | Tel. 09 84 79 25 70 | www.ostellorealarico.com | €).*
- Preiswert und mit der Schmalspurbahn aus Cosenza bzw. Catanzaro zu erreichen ist das gastliche *B & B Calabria (Scigliano, Ortsteil Diano | Via Roma 7 | Tel. 34 98 78 18 94 | www.bedandbreakfastcalabria.it | €)* am Westhang der Sila. Raffaele Ripoli und Esther van der Linde empfangen ihre Gäste polyglott und mit vielen guten Tipps.

AUSKUNFT

Via Antonio Toscano 3 | Tel. 09 84 81 33 36 | www.comune.cosenza.it

ZIELE IN DER UMGEBUNG

ABBAZIA DI SAMBUCINA [118 B2]

Die um 1140 gegründete Zisterzienserabtei gut 30 km nördlich, die älteste Süditaliens, war bis in die Renaissance eines der großen Kulturzentren des Landes. Nach Erdbebenschäden 1780 verlassen und verfallen, liegt sie einsam in 850 m Höhe umgeben von den Holunderbüschen, die ihr den Namen gaben.

MONTALTO UFFUGO [118 B2] Insider Tipp

20 km nordwestlich von Cosenza steht im hübschen Zentrum des kirchenreichen Kleinstädtchens Montalto Uffugo – weltberühmt als Schauplatz der Oper „I Pagliacci" (Der Bajazzo, 1892) – eine Stele mit dem schnurrbärtigen Porträt des Komponisten Ruggiero Leoncavallo (1857 bis 1919). Leoncavallos Vater verhandelte hier im Jahr 1865 als Untersuchungsrichter den Eifersuchtsmord, auf den der Opernstoff zurückgehen soll.

PARCO NAZIONALE DELLA SILA

[118–119 C–D 2–4] **Die Sila ist ein Hochplateau, dessen höchster Gipfel mit 1928 m der Monte Botte Donato ist.** Der fast skandinavisch anmutende Reichtum an Wäldern, Bächen und Wildblumen begeistert vor allem Süditaliener. Aus dem einst unwegsamen Rückzugsgebiet für Köhler und Banditen ist durch Holzeinschlag und den Bau von Stauseen und Skiliften ein beliebtes Naherholungsgebiet geworden, das zu vielerlei Sport, zum Wandern und zu Familienpicknicks einlädt.

Für süditalienische Verhältnisse vorbildlich ausgeschildert sind die Wanderwege, die vom Besucherzentrum des Nationalparks am Lago di Cecita ausgehen. Im *Posto di Ristoro* können Sie sich mit Wanderkarten, Käse und kalabrischem Bauernbrot versorgen. Am schönsten – außer nach der Schneeschmelze, da kann sie in einigen Abschnitten zum feuchten Abenteuer geraten – ist die Insider Tipp Wanderung 2/3, die im Schatten von Buchen und Schwarzkiefern verläuft. Eine ausführliche Beschreibung dieser Wanderung finden Sie im Kapitel „Ausflüge & Touren".

Eine sympathische, unkomplizierte Familiengaststätte an der Landstraße vom Lago di Cecita nach Longobucco mit gutem Lamm und Zicklein ist die *Trattoria Maria Otranto (Di geschl. | Cava di Melis | Tel. 09 84 57 99 47 | €)*. Getrocknete und eingelegte Pilze gibt es in allen Silaorten, teilweise werden sie auch an Straßenständen angeboten.

Aus Cosenza führt die als Schnellstraße ausgebaute SS 107 in einer guten halben Stunde in den Parco Nazionale della Sila. Origineller ist jedoch die gemächliche Auffahrt (hin und zurück 3 Euro) mit dem nostalgischen Insider Tipp Bummelzug der Ferrovie della Calabria *(www.ferroviedellacalabria.it)*, der unterwegs in jedem Ort hält. Einmal täglich starten werktags die Dieseltriebwagen am Bahnhof Cosenza Centro, um nach viel Belvedere, Wendetunneln und etlichen Kurven Camigliatello Silano zu erreichen. *2010 wegen Gleisarbeiten eingeschränkter Betrieb, kein Verkehr zwischen Spezzano Sila und Camigliatello*

Auskunft: *Infokiosk des Parco Nazionale della Sila 12 km nordöstlich von Camigliatello an der SS 177 | Ortsteil Cupone | www.parcosila.it*

Unterwegs in der Sila Grande: ein Hirte mit seiner Ziegenherde

ZIELE IN DER SILA

CAMIGLIATELLO SILANO [118 C2]

Enthusiastisch schwärmen Werbeprospekte von der „Schweiz Italiens", und in der Tat erinnern die Holzchalets im Sommer- und Wintersportzentrum Camigliatello (1000 Ew.) vage an die Alpen. Als Ferienort nur mäßig charmant, bieten sich hier sehr gute Einkaufsmöglichkeiten für Pilzdelikatessen und handgewebte Stoffe, etwa bei *Mario Celestino (Via Roma 66):* Er verkauft auf Handwebstühlen im nahen Longobucco gefertigte traditionelle Leinen-, Baumwoll-, Ginster- und Seidenstoffe.

Für Besucher, die über Nacht bleiben wollen, empfiehlt sich das *Aquila & Edelweiss (48 Zi. | Viale Stazione 15 | Tel. 09 84 57 80 44 | www.hotelaquilaedelweiss.com | €€),* ein renoviertes Traditionshotel mit hervorragendem Restaurant in Nähe des Bahnhofs der Ferrovie della Calabria.

Auf die Spuren des Reiseschriftstellers Norman Douglas begibt sich der *Parco Letterario Old Calabria (Ortsteil Camigliati | Tel. 09 84 57 82 00 | Fax 09 84 57 82 00 | www.oldcalabria.org)* 2 km östlich von Camigliatello. Der im Grünen gelegene Palazzo verfügt neben einer gut sortierten Bibliothek und einer sehenswerten Fotoausstellung über einige charmante Gästezimmer (€€). Im ehemaligen Kuhstall wurde 2006 das multimediale Emigrationsmuseum *La Nave della Sila (Juli–Sept. tgl. 10–14 und 15.30 bis 18, Aug. bis 19.30 Uhr)* eröffnet. Während man über das Deck eines Ozeandampfers schreitet, begleiten einen am Horizont Auswanderergeschichten

Insider Tipp

> BÜCHER & FILME

Historische und aktuelle Eindrücke von der Stiefelspitze

> **Old Calabria** – Leider nur im englischen Original lieferbar sind die literarischen Streifzüge des Norman Douglas, der Anfang des 20. Jhs. mit einer Mischung aus britischer Spleenigkeit, Gelehrsamkeit und Wanderlust über die völlig unerschlossene Stiefelspitze zog. Sie lesen sich auch ein Jahrhundert später immer noch erfrischend.

> **Das Engelsgesicht** – Harter Stoff: In diesem Buch schreibt Andreas Ulrich die wahre Lebensgeschichte des *'ndrangheta*-Killers Giorgio Basile auf.

> **Der Geschmack wilder Feigen** – Das moderne Kalabrien zwischen Auswanderung und Nostalgie fängt Carmine Abate frech und sensibel ein. Der 1954 in Carfizzi (Provinz Crotone) geborene, albanischstämmige Autor hat mit seinem Roman, der zum Teil in Köln spielt, auch nördlich der Alpen Furore gemacht.

> **Gianni Amelio** – Kalabriens bekanntester Kinoexport ist Gianni Amelio. Der mehrfache Gewinner des Europäischen Filmpreises (u. a. 1993 mit „Gestohlene Kinder" und 1995 mit „Lamerica") spürt in seinen Filmen dem Süditalien seiner Kindheit nach.

> **Ein Junge aus Kalabrien** – Italien 1960: Anstatt für die Schule zu lernen, trainiert Mimì gegen den Widerstand seines Vaters lieber für die Olympischen Spiele. Der Film (1987) von Luigi Comencini ist längst ein Klassiker des italienischen Kinderfilms.

schichten. Enge und Lärm im Unterdeck der dritten Klasse lassen sich in einem der „Schornsteine“ erleben.

Die engagierte Kooperative *Altipiani (Via Roma 101 | Tel./Fax 09 84 57 87 66 | www.inaltipiani.it)* verleiht MTBs und Wintersportausrüstungen, gibt wertvolle Wandertipps und organisiert Trekkingtouren und Transfers.

GIGANTI DELLA SILA ★ [118 C2]

Lohnend ist der kurze Abstecher von Camigliatello zu diesem Naturdenkmal der Giganti della Sila, wo auf einer kleinen Anhöhe bis zu 40 m hohe und 350 Jahre alte Schwarzkiefern einen Hain bilden. *Mai–Okt. tgl. 8–19 Uhr | Ortsteil Fallistro*

SAN GIOVANNI IN FIORE [119 D3]

Abendländische Geistesgeschichte wurde in San Giovanni in Fiore (19 000 Ew.) geschrieben: Der Zisterzienserabt Joachim von Fiore gehörte mit seiner Endzeitlehre von den drei gottgewollten Reichen zu den einflussreichsten Theologen des Mittelalters. Als einer der wenigen sprach er sich gegen die Kreuzzüge aus. Das von ihm gegründete Kloster im Tal unterhalb des modern-chaotischen Städtchens San Giovanni ist säkularisiert. Es beherbergt heute das Volkskundemuseum *Museo Demologico (Mo–Sa 8.30–18.30, Mitte Juni–Mitte Sept. auch So 9.30–12.30 und 15.30 bis 18.30 Uhr | Via Monastero)*. Infos zum Ort und Führungen in der Abtei: *Associazione Fiorensia (Via Monastero | Abbazia Florense | Tel. 34 77 81 73 98 | www.fiorensia.it)*.

Deftige Sila-Bergküche, Pizza und offenen Wein bietet zwei Schritte von der Abtei das *Ristoro del Brigante (Mo geschl. | Via Monastero 5 | Tel.*

350 Jahre alt: die Giganti della Sila

32 00 54 28 87 | €). Seit mehreren Generationen ein Garant für edles Goldgeschmeide ist *Spadafora (Via Roma 3)* in der Neustadt.

> BAUTEN AUS VIER JAHRTAUSENDEN

Die moderne Regionshauptstadt, eine uralte Hafenstadt der Griechen und Ferienorte am Ionischen Meer

> Kostbare Seide hat Catanzaro einst reich gemacht. Heute bestimmen die Verwaltung, die Uni und das Baugewerbe die neue Hauptstadt der Region. Auch Pythagoras' Wirkungsstätte Crotone präsentiert sich auf den ersten Blick als von mafioser Bauspekulation geprägter Betonwirrwarr, der ein liebevoll restauriertes Zentrum umwuchert.

Der hellenischen Antike nah ist man bei der einsamen Säule des Heratempels am Capo Colonna. Hier beginnt die schönste Küste des Ionischen Meers mit der Riserva Marina di Capo Rizzuto. Noch fast ein Geheimtipp sind die Bergstädtchen im Hinterland des Marchesato.

CATANZARO

KARTE IN DER HINTEREN UMSCHLAGKLAPPE

[119 D5] **1970 hat Catanzaro (97 000 Ew.) Reggio als Hauptstadt Kalabriens abge-**

Bild: Castello Aragonese in Le Castella

CATANZARO UND CROTONE

löst. Hektische Bautätigkeit war die Folge. Mittlerweile wuchert die chaotische Kapitale von dem auf einem Felsplateau in 340 m Höhe gedrängten *centro storico* bis zur Küste. Die Altstadt, von tief eingeschnittenen Flusstälern eingefasst, ist mit den neueren Stadtvierteln durch mehrere Brücken verbunden – der *Ponte Morandi* (1958–62) über den Fiumarella gilt als größter Brückenbogen Europas.

Die verheerenden Erdbeben 1638 und 1783 haben wenig vom alten Catanzaro, einst die Metropole der Seidenweberei, übrig gelassen. Auf dem Corso Mazzini zu flanieren gleicht einer Zeitreise ins Fin de Siècle. Teils ramponiert, teils *in restauro* zeigen sich die Palazzi mit gründerzeitlichen Fassaden. Treffs der Einheimischen sind die *putiche,* kleine Osterien, in denen *murseddu* (geschmorte Kalbsinnereien) zum Wein serviert werden.

CATANZARO

SEHENSWERTES

TEATRO POLITEAMA ★ ▶▶

Das 2002 eröffnete Stadttheater gehört zu den ehrgeizigsten Neubauten

Hochmoderner Neubau: das Teatro Politeama von Stararchitekt Paolo Portoghesi

Italiens. Paolo Portoghesi hat ein maritim anmutendes Ensemble mit dem Grundriss einer Leier geschaffen, das einem Ozeandampfer gleicht. *Via Jannoni | www.politeamacatanzaro.net*

VILLA TRIESTE

Vom Stadtpark bietet sich ein zauberhafter Fernblick auf die Sila Piccola. *Am Ostrand der Altstadt*

ESSEN & TRINKEN

Insider Tipp LANZO CAFFÈ

Kaffee aus der eigenen Rösterei wird mit Soda zur erfrischenden *spuma di caffè* aufgespritzt. *Corso Mazzini 191*

DA PEPÈ

Eine der typischen Trattorien, wo es die *murseddu* gibt. *So geschl. | Vico I/ Piazza Roma 6 | Tel. 09 61 72 62 54 |* €

DA SALVATORE

In dem bodenständigen Altstadtlokal zwischen Corso Mazzini und Teatro Politeama bekommen Sie auch Pizza. Zudem werden Zimmer vermietet. *Mo geschl. | Salita I del Rosario 10 | Tel. 09 61 72 43 18 | www.bandb-dasalvatore.it |* €

EINKAUFEN

ARCADE

Hier können Sie nach edlem regionalem Kunsthandwerk stöbern: Pfeifen aus Bruyèrewurzelholz, Keramik aus Seminara und Seidenstoffe aus Cortale. *Corso Mazzini 41*

STRÄNDE

Das stark verbaute Catanzaro Marina schreckt ab. Die nahen Strände von Lido di Squillace, Copanello, Caminia und Pietragrande sind bei Weitem vorzuziehen.

AM ABEND

insider tipp **CINEMA TEATRO MASCIARI** ▶▶

1925 im Art déco errichtet: ein Lichtspielhaus mit Patina. Bis spät geöffnet, ist die Bar Treffpunkt der lokalen Cineasten. Auch Jazzkonzerte. *Piazzale Le Pera 6 | Tel. 09 61 72 83 90 | www.teatromasciari.it*

MOMA ▶▶

Seit 2003 aalt sich die schicke Jugend bei House, Jazz und coolen Drinks auf Designermöbeln in den ehemaligen Stallungen des Palazzo Fazzari. *Salita Corso Mazzini 22*

AUSKUNFT

Via Spasari 3 (Galleria Mancuso) | Tel. 09 61 74 17 64 | www.mycatanzaro.it, www.comunecatanazaro.it

ZIELE IN DER UMGEBUNG

TAVERNA ★ [119 D4]

Die hübsche Kleinstadt (2700 Ew.) 30 km nördlich an den südlichen Abhängen der Sila Piccola prunkt mit Ölmalerei von Weltrang: Hier kam 1613 Mattia Preti, auch als Il Cavalier Calabrese bekannt, zur Welt. Seine Gemälde sind in den Kirchen und Museen des Orts zu sehen. *Museo Civico Di–So 9–12.30 Uhr, April bis Okt. auch 16–19 Uhr | Palazzo San Domenico | www.museiditaverna.it*

VILLAGGIO MANCUSO [118 C4]

Die Sommerfrische 45 km nördlich inmitten hoher Tannenwälder am Rand der Sila Piccola ist seit Anfang des 20. Jhs. ein beliebtes Naherholungsgebiet der Catanzaresen. Im Ortsteil Contrada Monaco liegt ein *Besucherzentrum (SS 179 dir km 14 | Tel. 09 61 92 20 30 | www.parcosila.it)* des Sila-Nationalparks. Dort bekommen Sie gratis Karten für die im Park angelegten Wanderwege.

CROTONE

[119 F4] **Die uralte Hafen- und Industriestadt (60 000 Ew.), 708 v. Chr. von Griechen gegründet, ist zu neuem Selbstbewusstsein erwacht.** Nach dem Sieg 510 v. Chr. über das bürgerlich-prassende Sybaris war die pythagoräisch regierte Stadt auf dem Höhepunkt ihrer Macht. Spanische Hafenbollwerke und Neubauten der unter dem Faschismus forcierten Industrialisierung haben von dem antiken Kroton

MARCO POLO HIGHLIGHTS

★ **Teatro Politeama**
Catanzaros modernes Opernhaus (Seite 58)

★ **Taverna**
Ölmalerei von Weltrang in der Sila Piccola (Seite 59)

★ **Capo Colonna**
Einsame Griechensäule auf der Landspitze (Seite 61)

★ **Castello Aragonese**
Die Piratenburg auf dem Felsen in Le Castella (Seite 62)

wenig übrig gelassen. Im lebendigen, ansprechend restaurierten *centro storico* pulsiert junges italienisches Leben.

SEHENSWERTES

CASTELLO CARLO V

1541 auf der griechischen Akropolis errichteter mächtiger Wehrbau, in den zahlreiche Reste antiker Vorgängerbauten vermauert wurden. Von der Aussichtsterrasse schöne Blicke auf Stadt und Meer.

DUOMO DELL'ASSUNTA

Auch der Dom wurde unter Verwendung antiken Materials im 16. Jh. neu errichtet. Im Inneren wird die byzantinische Ikone der Madonna di Capo Colonna verehrt.

MUSEO ARCHEOLOGICO NAZIONALE

Ein Muss für Antikenfreunde! Neben Funden aus Kroton und Kaulonia Weihgaben vom Hera-Heiligtum am Capo Colonna. *Di–So 9–19.30 Uhr | Via Risorgimento 63*

ESSEN & TRINKEN

L'ANCORA

Das grandios gelegene Terrassenrestaurant beim Leuchtturm des Capo Colonna ist spezialisiert auf frischen Fisch, aber abends bekommen Sie hier auch köstliche Holzofenpizza. *Im Winter Di geschl. | Via per Capo Colonna | Tel. 09 62 93 41 21 |* €€–€€€

DON PEDRO

Einheimische schätzen die ehrliche Fisch- und Gemüseküche nur ein paar Schritte von der Piazza Pitagora. *So geschl. | Via M. Nicoletta 8–10 | Tel. 33 88 10 87 58 |* €–€€

ÜBERNACHTEN

CONCORDIA

Traditionshotel in zentraler Lage gegenüber vom Dom. Hohe, geräumige Zimmer, renovierte Bäder. *15 Zi. | Piazza Vittoria 12 | Tel. 096 22 39 10 | www.hotelconcordiakr.it |* €€

Vitales modernes Leben in einer uralten Stadt: Straßenmarkt in Crotone

STRÄNDE

Ein kilometerlanger, breiter Sandstrand erstreckt sich zwischen Crotone und dem Capo Colonna, im Sommer gesäumt von *lidi,* den typisch italienischen Badeanstalten mit Liegestuhl- und Sonnenschirmverleih.

AM ABEND

Im Sommer ist im Stadtpark immer was los, von Open-Air-Kinovorstellungen bis zum Kroton-Jazz-Festival im August.

AUSKUNFT

Via M. Nicoletta 28 | Tel. 09 62 95 24 04 | www.crotoneturismo.it

ZIELE IN DER UMGEBUNG

CAPO COLONNA ★ [119 F4]

Auf der östlichsten Landspitze Kalabriens, 11 km südöstlich von Crotone, erhob sich im Altertum ein berühmtes Heiligtum der Hera. Eine einzige aufrecht stehende dorische Säule kündet noch von seiner Pracht.

CIRÒ [119 F2]

Kalabriens berühmtestes Weingebiet 35 km nördlich. Kellereien wie *Librandi (www.librandi.it)* oder *Caparra & Siciliani (www.caparraesiciliani.it)* knüpfen erfolgreich an die schon in der Antike begründete Weinbautradition an.

LE CASTELLA

[119 E5] **Eine Burg aus salzzerfressenem Sandstein im blauen Meer, ein paar moderne Ferienhäuser, gute Fischrestaurants und ein Piratendenkmal: Das ist Le Castella (13 000 Ew.).** Im Juli und August

Vom Heratempel am Capo Colonna blieb nur eine einsame Säule übrig

ein turbulenter Touristenort, bleibt Le Castella, Ortsteil von Isola di Capo Rizzuto, den Rest des Jahres ein beschauliches Fischerstädtchen. Von hier aus kann man Segeltouren in den Meerespark von Capo Rizzuto unternehmen.

SEHENSWERTES

CASTELLO ARAGONESE ★

Malerisch erhebt sich die Aragoneserburg auf einem Sandsteinfelsen vor der Küste. Im 16. Jh. errichtet, sollte sie den Piratenüberfällen trotzen. *Tgl. 9–13 und 15–20, im Sommer 9–24 Uhr*

ESSEN & TRINKEN

L'ANCORA

Panoramarestaurant am Leuchtturm von Capo Rizzuto, eine sichere Adresse für frischen, delikat zubereiteten Fisch. *Mo geschl. | Tel. 09 62 79 92 53* | €€

LA SCOGLIERA

Nicola Tolone serviert ausschließlich frischen Fisch, der hier mit großem Einfallsreichtum zubereitet wird. Für seine Gäste organisiert er Bootsausflüge mit Fischern. Außerdem vermietet er Gästezimmer im Fischerviertel. *In der Saison tgl. | Via Scogliera | Tel./Fax 09 62 79 50 71 | www.ristorantelascogliera.it* | €€€

Insider Tipp

ÜBERNACHTEN

AURORA

Freundliche Gartenvilla am westlichen Ortsrand von Le Castella. Der schöne Strand mit Blick auf das Kastell ist zu Fuß zu erreichen. Nette Zimmer, ausgezeichnetes Restaurant. *18 Zi. | Via Volandrino | Tel./Fax 09 62 79 51 37 | www.hotelvillaaurora.it* | €€€

CASA DI BOTRO

Schön renovierter Gutshof in Botricello westlich Le Castella; der wunderschöne Privatstrand ist 2 km entfernt. *6 Zi., 4 Apartments | Via Zaccagnini 2 | Ortsteil Botro | Tel. 09 61 96 65 92 | www.botro.it* | €€€

IL SUBACQUEO

Angenehmer Campingplatz direkt über einer tollen Sandbucht. Zelt-

>LOW BUDGET

> Viel günstiger als an der Küste und mit bestem Blick residiert man im 240 m hoch gelegenen Badolato Borgo. *Domenico Leuzzi (Piazza Castello 16 | Tel. 09 67 81 58 07 | www.calabrianproperties.com)*, der auch Deutsch spricht, vermietet hier hübsch eingerichtete, geschmackvoll restaurierte Altstadthäuser. Mit guten (Strand-)Tipps macht er seinen Gästen den Aufenthalt so angenehm wie möglich.

> Wenn von Mitte Juni bis Ende August die Badeanstalten am so belebten wie beliebten Strand von Copanello die kostenpflichtigen Schirme und Liegestühle aufschlagen, bleibt am traumhaft schönen, südlich der Punta Stalettì gelegenen ▶▶ *Lido di Caminia* – ein Treffpunkt der Surfszene – immer noch ein Plätzchen frei.

> Knusprige, billige Holzofenpizza aus flinken Frauenhänden gibt es in Crotone im *La Nuova Scarampola (Di geschl. | Via Carrara 9/11 | Tel. 096 22 58 18* | €*)*.

plätze und Bungalows, dazu eine Tauchstation. *Juni–Sept. | Ortsteil Marinella | Tel. 09 62 79 98 16, im Winter 09 62 96 39 95 |* €

FREIZEIT & SPORT

Die Riserva Marina di Capo Rizzuto ist ein Dorado für Wasserratten und Schnorchler. Die Parkverwaltung *(Piazza Uccialì | Tel. 09 62 79 55 11 | www.riservamarinacaporizzuto.it)* vermittelt Kontakt zu Tauchschulen, die Segelschule *Ostro (Via Duomo 13 | Tel./Fax 09 62 79 56 32 | www.ostro.it)* offeriert Yachtcharter und Bootsausflüge in die Riserva Marina.

STRÄNDE

Im Westen von Le Castella erstreckt sich ein Sandstrand mit Traumblick auf das Kastell, die Kinder des Orts tummeln sich in Hafennähe an den Felsen der *scogliera.* Die tollen Buchten zwischen Le Castella und Capo Colonna sind nur mit eigenem Fahrzeug bzw. vom Meer zu erreichen.

AUSKUNFT

Via Duomo 38 | Tel. 09 62 79 53 20 | www.prolocolecastella.it

SANTA SEVERINA

[119 E3] **Umgeben von Oliven- und Orangenhainen, erhebt sich das hübscheste Städtchen (2600 Ew.) des Marchesato – so heißt das gewellte, von Kornfeldern geprägte Hinterland von Crotone – wie eine Märchenfestung auf einer gewaltigen Bergkuppe.** Im 11. Jh. machte Robert Guiscard die Stadt zu einer der Metropolen seines Normannenreichs.

SEHENSWERTES

CASTELLO

Die Trutzburg ist nach gelungener Restaurierung ein Paradebeispiel für Wehrarchitektur. *Tgl. 9–13 und 15 bis 20 (Nov.–März 15–18) Uhr*

Santa Severina liegt eingebettet in die Oliven- und Orangenhaine des Marchesato

SANTA FILOMENA

Die Kuppelkirche ist ein seltenes Kleinod byzantinischer Baukunst aus dem 11. Jh. *Wenn nicht geöffnet, bei der Kustodin Teresa Misiti (Hausnummer 4 gleich gegenüber) klingeln*

SANT'ANASTASIA UND BATTISTERO

Die Ende des 13. Jhs. errichtete Kathedrale wurde äußerlich fast vollkommen barockisiert. Ein kunstgeschichtliches Juwel ist die angrenzende Taufkapelle, eine umgewidmete byzantinische Kuppelkirche des 8. Jhs. mit antiken Säulen.

ESSEN & TRINKEN

Insider Tipp

LE GROTTE

Im *Ostello-Centro di degustazione prodotti tipici* offeriert die Cooperativa Neophron zu fairen Preisen kulinarische Spezialitäten des Marchesato. Auch Übernachtungsplätze. *Mai bis Aug. tgl., Sept.–April Fr–So abends und So mittags | Vico San Martino | Tel. 36 87 83 28 61* | €–€€

ÜBERNACHTEN

LE PUZELLE

Von Oliven- und Zitrushainen umgebener *agriturismo* zu Füßen der Stadt, 2 km südlich vom Zentrum. Mit kleinem Pool. *7 Zi. | Ortsteil Le Puzelle (SS 107 bis) | Tel. 096 25 10 04 | www.lepuzelle.it* | €€

FREIZEIT & SPORT

Die Kooperative *Aristippo (Tel./Fax 096 25 10 69 | www.aristippo.it)* mit Sitz in der Burg bietet Führungen im Ort an und vermittelt Unterkünfte. Außerdem fungiert sie als örtliche Auskunftsstelle. Die Kooperative *Neophron (Via Catona 9 | Tel. 09 62 55 88 04 | Fax 09 62 55 88 04 | www.ceadelmarchesato.com)* bietet Wanderungen auf den Monte Fuscaldo an.

SQUILLACE

[118 C5–6] Erbe des antiken Skylletion (Scolacium), ist der Bischofssitz (3400 Ew.) einer jener Orte, die im Mittelalter von der Küste in sichere Berglage verlegt wurden. Vom *Castello Normanno (Juni–Sept. tgl. 9–13 und 15–20, Okt. bis Mai 10–12 und 16–18 Uhr)* bietet sich ein prächtiger Fernblick auf den Golf von Squillace. Interessanter als der neoromanische Dom sind die zahlreichen Töpfereien im Ort.

SEHENSWERTES

MUSEO NATURALISTICO

Insider Tipp

Ein ehemaliger Minister des Ostgotenkönigs Theoderich gründete im 6. Jh. nahe seinem Heimatort eine Klosterschule, die zu einem der wichtigsten Mittler antiker Bildung wurde. Wo einst das Kloster stand, hat Libero Gatti in Privatinitiative ein sehenswertes Naturkundemuseum geschaffen. Ein Augenschmaus sind auch die Blicke auf die darunterliegenden Strände von Copanello. *Tgl. 16–19 (Juli/Aug. 16–23) Uhr | Piazzale Elvira Marincola Cattaneo 4 | Copanello-Stalettì*

ESSEN & TRINKEN

CABAÑA

Terrassenlokal 10 km westlich am Strand von Caminia. Exzellente Fischküche mit Blick aufs Meer. *Im Winter Mo–Do geschl. | Via del Mare | Caminia | Tel. 09 61 91 10 93* | €€

PORTA GIUDAICA

Die freundliche Altstadttrattoria serviert hausgemachte Pasta, Wildschwein aus den Serre und frischen Fisch. *Di geschl. | Via Porta Giudaica 8 | Tel. 09 61 91 25 00* | €€

EINKAUFEN

IDEART

Hier wird traditionelle Keramik in einem Holzofen aus dem 17. Jh. gebrannt. *Do geschl. | Via Florestano Pepe (Largo Torretta)*

ÜBERNACHTEN

BORGO PIAZZA

Von Oliven, Zitrusfrüchten, Mandeln und Feigenkakteen umgebener Gutshof mit schönem Blick über den Golf. Zimmer im Gutshaus bzw. in der freundlichen Bungalowanlage direkt am Meer. Stellplätze für Zelte und Sportmöglichkeiten. *14 Zi. | Vallo di Borgia (Zufahrt von der SS 106) | Tel. 09 61 39 13 26 | www.borgopiazza.it |* €–€€

IL GABBIANO

Gepflegtes Hotel mit gutem Fischrestaurant unmittelbar am Strand von Copanello. Der hilfsbereite Besitzer spricht Deutsch. *22 Zi. | Via Lido 8 | Copanello Lido | Tel. 09 61 91 13 43 | www.hotelilgabbiano.it |* €€

STRÄNDE

Beliebt sind die Sandstrände Copanello und Caminia an der Punta di Stalettì.

AM ABEND

CALIGULA Insider Tipp

Tagsüber Restaurant und Lido mit Barbetrieb, verwandelt sich das Caligula nachts in eine Freiluftdisko. *Juli–Mitte Sept. | Lido di Pietragrande*

Bei Einheimischen wie Urlaubern beliebt: Lido di Caminia bei Squillace

ZIEL IN DER UMGEBUNG

PARCO ARCHEOLOGICO DI SCOLACIUM [119 D5]

An der SS 106 in einem Olivenhain bei Lido di Squillace die Ruinen einer riesigen Basilika und die Reste des römischen Scolacium. *Tgl. 9 Uhr–1 Std. vor Sonnenuntergang*

> KLIPPENKÜSTE, SANDSTRÄNDE UND FISCHERSTÄDTCHEN

An der Küste um die beliebten Urlaubsorte Pizzo, Scilla und Tropea und um das Capo Vaticano werden Strandträume wahr

> Traumhafte Sandstrände, spektakuläre Klippen und blitzsauberes Meer. Die nächste Großstadt ist weit, der internationale Flughafen Lamezia Terme hingegen nah. Diese Kombination hat Tropea an der Costa degli Dei, der „Götterküste", zu einem Magneten sonnenhungriger Pauschalurlauber gemacht.

Hier finden Urlaubsgäste eine ausgezeichnete touristische Infrastruktur, vom Campingplatz bis zum Luxushotel, vom kleinen Handwerksladen bis zur schicken Strandmodeboutique, vom Beachvolleyball bis zum Segeltörn. Der besondere Reiz Tropeas liegt auch in den vielfältigen Ausflugsmöglichkeiten, sei es mit dem Fischerboot zu den Felsstränden des Capo Vaticano oder mit der Leihvespa oder dem Mietwagen ins bäuerliche Hinterland.

Daneben lohnt die Fahrt zu den hübschesten Hafenstädtchen der Region, nach Pizzo mit seinen verführe-

Bild: Capo Vaticano

TROPEA UND COSTA VIOLA

rischen Eissalons oder in die an die steile Costa Viola geklammerten Fischerorte Scilla und Bagnara Calabra, von denen aus man mit etwas Glück beim violetten Sonnenuntergang den Schwertfischjägern zuschauen kann.

PIZZO

[121 D1] **Pizzo (8500 Ew.) präsentiert sich als charmantes Städtchen, das hoch über dem Golf von Sant'Eufemia schwebt – a pizzo eben, denn das italienische Wort bedeutet genauso wie Pik oder Piz in den Alpen „Spitze".** Ein typisch italienischer Freiluftsalon ist die zentrale Piazza della Repubblica mit zahlreichen Eisdielen. Die *gelaterie* hüten eifersüchtig ihr Rezept für das nougatdunkle Trüffeleis *tartufo*. das hier erfunden worden sein soll. In Pizzo Marina locken Klippen und lange Sandstrände.

SEHENSWERTES

CASTELLO ARAGONESE

Die Festung mit den zwei Rundtürmen entstand 1486 im Rahmen des aragonesischen Küstensicherungsprogramms. Hier wurde Joachim Murat, der in diamantengeschmückter Königsuniform in der Hoffnung auf einen Aufstand gelandet war, festgesetzt und nach wenigen Tagen auf Befehl aus Neapel hingerichtet. Die Einwohner von Pizzo bekamen als Lohn für ihre Bourbonentreue ein Jahr lang kostenlos Salz. *Tgl. 9–13 und 15.30–19 (im Sommer bis 22) Uhr | Piazza B. Musolino*

CHIESETTA DI PIEDIGROTTA

Insider Tipp

Volksfrömmigkeit und Phantasie haben diese aus dem Fels gehauene Grottenkirche nördlich des Orts am Meer geschaffen. Im 17. Jh. weihten neapolitanische Matrosen sie zum Dank für Rettung aus Seenot. Ende des 19. Jhs. begann der kalabrische Baumeister Angelo Barone, Dutzende von naiven Heiligenfiguren aus dem weichen Tuffstein zu meißeln. Nachfahren fügten später ein Medaillon von Papst Johannes XXIII. sowie Statuen von John F. Kennedy und Fidel Castro hinzu. *Tgl. 9–13 und 15 bis 17.30 (im Sommer bis 19.30) Uhr*

Aus dem Tuffstein gemeißelt: Heiligenfiguren in der Chiesetta di Piedigrotta

TROPEA & COSTA VIOLA

ESSEN & TRINKEN

ANTICA GELATERIA BELVEDERE ★

Eis in der vierten Generation. Die Spezialität ist auch hier der *tartufo*. *Di geschl. | Piazza della Repubblica 43–44*

LA RUOTA

Lokale Fischküche und abends Holzofenpizza. *Mi geschl. | Piazza della Repubblica 36 | Tel. 09 63 53 24 27 | €€–€€€*

EINKAUFEN

ALIMENTARI GALEANO

Thunfisch aus Pizzo, in Gläsern in Olivenöl eingelegt. *Via San Francesco 22–24*

ÜBERNACHTEN

A CASA JANCA

Agriturismo mit ausgezeichnetem Restaurant in schönem Garten im Ortsteil Marinella. Kinder sind herzlich willkommen, Hunde auch. *7 Zi. | Riviera Prangi | Tel. 09 63 26 43 64 | Fax 09 63 26 43 64 | €€€*

STRÄNDE

Am nördlichen Ortsrand erstreckt sich direkt vor der Chiesetta di Piedigrotta ein schöner öffentlicher Sandstrand mit Duschen.

AUSKUNFT

Piazza della Repubblica | Tel. 09 63 53 13 10 | www.prolocopizzo.it

ZIELE IN DER UMGEBUNG

FRANCAVILLA ANGITOLA [121 E1]

Mehr als 1000 Bewohner des 15 km nordöstlich von Pizzo gelegenen Orts sind vor dem Ersten Weltkrieg nach Übersee ausgewandert – vor allem in die USA und nach Brasilien. Besucher aus aller Welt kommen heute in das kleine Auswanderermuseum von Francavilla *(Museo dell'Emigrazione | Mo–Fr 9–12 und 16–19 Uhr | Palazzo Mannaccio | www.francavillaangitola.com)*, das bereits Ausstellungen in New York und auf Ellis Island organisiert hat.

VIBO VALENTIA [121 D2]

Das Kürzel VV auf dem Autokennzeichen bezeichnet die 10 km südwestlich gelegene hübsche Provinzhauptstadt Vibo Valentia (35 000 Ew.). In der Oberstadt sieht man vom normannisch-staufischen Kastell *(Museo Archeologico Statale Vito Capialbi | tgl. 9–18.30 Uhr, im Sommer länger)* bei guter Sicht bis zum schneebedeckten Ätna. *Filippo's (So-Abend geschl. | Corso Umberto I 128 | Tel. 096 34 48 70 | €)* ist eine

MARCO POLO HIGHLIGHTS

★ Antica Gelateria Belvedere
Seit vier Generationen ein Eismekka am Meer in Pizzo (Seite 69)

★ Chianalea
Seit vier Generationen ein Eismekka am Meer in Pizzo – natürlich mit *tartufo* (Seite 70)

★ Santa Maria dell'Isola
Nicht nur Fotografen pilgern zu der Bilderbuchkirche in Tropea hoch über dem Meer (Seite 73)

★ Capo Vaticano
Ein Felskap der Superlative mit verschwiegenen Badebuchten (Seite 75)

Der breite Sandstrand im Ort ist einer der Trümpfe von Scilla

kleine, feine *wine bar* im Altstadtzentrum mit kalabrischen Spezialitäten für den kleinen und großen Hunger.

Im Hafen von *Vibo Marina* ankern schicke Yachten, und täglich wird frischer Fisch angelandet. Feinschmeckerlokale wie das *L'Approdo (tgl. | Via Roma 22 | Tel. 09 63 57 26 40 | www.lapprodo.com | €€€)* ziehen Gäste von weit her an.

SCILLA

[120 B4] **Hoch überragt der markante Burgfels des Castello Ruffo das pittoreske Fischerstädtchen (5500 Ew.).** Scilla trägt den Namen des sechsköpfigen homerischen Ungeheuers Skylla, das zu Odysseus' Zeiten zusammen mit der Charybdis die Straße von Messina im Würgegriff hielt. Von der Piazza vor der Kirche San Rocco bietet sich in den Abendstunden der berühmte „violette Blick" auf die Meerenge hinüber nach Sizilien. Das verwinkelte Fischerviertel Chianalea, eine Hochburg des Schwertfischfangs, könnte jederzeit die Kulisse für eine Zelluloidromanze liefern. Im Westen der Burg erstreckt sich der bei einheimischen Familien beliebte Sandstrand der Marina Grande. Scilla ist bei Surfern und Tauchern gleichermaßen angesagt.

SEHENSWERTES

CASTELLO DEI RUFFO

Schon in altgriechischer Zeit trug der Burgberg eine Festung, die später von Normannen und Spaniern ausgebaut wurde. Ein Teil der Anlage ist im Besitz der italienischen Marine, der Rest wird für Ausstellungen und kulturelle Aktivitäten genutzt *(Di–So 9.30–12.30 und 15–18 Uhr)*. In der *Chiesa dell'Immacolata* am Fuß der Burg beeindruckt ein riesiges Apsismosaik von 1986: Maria schwebt über einer bunten Ortsansicht von Scilla.

CHIANALEA ★

Trocknende Netze, bunt lackierte Boote, vielleicht auch ein Schwertfischkopf auf wackligem Holztisch – die Atmosphäre in Scillas verschachteltem Fischerviertel, das sich in die kleine Bucht unterhalb der Kathedrale und des Kastells schmiegt, ist authentisch mediterran geblieben. Plaudern Sie erst mit den *pescatori,* bevor Sie auf den Auslöser drücken! Und Achtung: Nicht in jeder Piratenkneipe wird der Fisch auch frisch serviert!

ESSEN & TRINKEN

DA PIPPO

Das kleine Ristorante an der Uferpromenade kann auf seine ehrliche Fischküche stolz sein. *Do geschl. | Lungomare Cristoforo Colombo | Tel. 09 65 75 43 23 | €€€*

ZANZIBAR

Hier gibt es die beste *granita. Mo geschl. | Lungomare Cristoforo Colombo | Tel. 09 65 75 46 51*

ÜBERNACHTEN

U BAIS

Das neue Haus zwischen Bahnhof und Strand ist wegen seines neobarocken Dekors bei italienischen Hochzeitspärchen beliebt. *21 Zi. | Via Nazionale 65 | Tel. 09 65 70 43 00 | Fax 09 65 70 42 98 | www.hotelubais.it | €€€*

LE SIRENE

Taucher und Traveller bevorzugen die Pension in Bahnhofsnähe wenige Schritte vom Strand. *16 Zi. | Via Nazionale 57 | Tel./Fax 09 65 75 40 19 | www.hotellesirenescilla.com | €€€*

STRÄNDE

Ein breiter Sandstrand erstreckt sich im Westen des Kastells.

AUSKUNFT

Via Grotte 10 (Chianalea) | Tel. 09 65 75 48 81 | www.consorzioturisticoscilla.com

ZIELE IN DER UMGEBUNG

BAGNARA CALABRA [120 B–C4]

Zwischen zwei Felsspornen eingeklemmt liegt 10 km nordöstlich Bagnara (11 000 Ew.), in dessen Hafen Dutzende Fischkutter und die typischen *passerella*-Boote mit schwindelerregenden, 20 m hohen Ausgucktürmen ankern, wenn sie nicht gerade Jagd auf den Schwertfisch machen. Der frische Fang wird zum Teil von temperamentvollen Fischerfrauen am Straßenrand verkauft. Insider Tipp Anfang Juli wird die *Sagra del Pesce Spada* gefeiert, dann wird Schwertfisch mit Kapern und roten Zwiebeln auf offener Straße verzehrt. Lecker ist auch *torrone,* das lokale Krokant *(Pasticceria Cardone | Corso Vittorio Emanuele 61).*

SEMINARA [120 C4]

Inmitten herrlicher alter Olivenhaine liegt knapp 25 km nordöstlich 290 m

>LOW BUDGET

- In Tropeas *Piccola Università Italiana* (s. S. 74) Italienisch lernen und dabei Geld sparen: Zwar bleiben die Kurskosten übers Jahr gleich, doch sind von Oktober bis Mai die Übernachtungskosten deutlich günstiger.
- Zünftig und für wenig Geld können Sie im *Vecchio Forno (in der Saison tgl. abends | Via Caivano | €),* der letzten alten Backstube Tropeas, knusprige Pizza und im Ofen gebackenes Gemüse essen.

hoch das Korbflechterstädtchen. Es ist bekannt als Heimat des Mönchs Barlaam, des Griechischlehrers von Francesco Petrarca, dem berühmten Dichter aus dem 14. Jh. Ein Traditionshandwerk ist hier auch die Keramikkunst. Versäumen Sie nicht, einen Blick in das Atelier von *Paolo Condurso* *(Via Barlaam 30)* zu werfen.

Insider Tipp

TROPEA

[120 C2] **Die stolze Stadt (7000 Ew.) über dem Meer hat sich seit den Siebzigerjahren zu Kalabriens Tourismusziel Nummer eins entwickelt.** Neben dem lässigen Flair der Altstadt mit ihren Adelspalazzi, Trattorien, Handwerksläden und Modeboutiquen verfügt der Ort über ein breites Angebot an Hotels, Pensionen und Ferienclubs. Größtes Kapital Tropeas sind gepflegte Sandstrände, die aus der Stadt über Treppenwege und eine blumenüberwucherte Uferpromenade bequem zu Fuß zu erreichen sind. Hier gibt es echt italienisches Strandleben mit bunt gestreiften Liegestühlen, Melonenverkäufern und kecken Papagalli. Im Sommer werden Tagesausflüge mit dem Schnellboot zur Vulkaninsel Stromboli angeboten (Kenner bleiben über Nacht!).

Im Juli und August ist die Altstadt für den Autoverkehr gesperrt. In diesen Monaten sind Tropeas Strände und die abendliche Flaniermeile Corso Vittorio Emanuele, an deren Ende der berühmte Terrassenblick auf die Kirche Santa Maria dell'Isola lockt, häufig überfüllt. Dafür sorgen die vielen einheimischen Touristen für mediterranes Nachtleben.

SEHENSWERTES

DUOMO

Trotz mehrerer Erdbebenschäden präsentiert sich die Kathedrale als imposantes Bauwerk. Anfang des 20. Jhs. wurde sie im normannisch-historis-

Im Hochsommer für den Autoverkehr gesperrt: Tropeas Bummelmeile Corso Vittorio Emanuele

tischen Stil erneuert. Hoch verehrt wird die um 1330 gemalte Ikone der Madonna della Romania über dem Hochaltar: Hat sie doch Tropea vor weiteren Erdbeben und wohl auch dem Explodieren zweier amerikanischer Fliegerbomben bewahrt, die zu martialischen Votivgaben geworden sind.

SANTA MARIA DELL'ISOLA ★

Das bekannteste Kalendermotiv Kalabriens: Die Benediktinerkapelle thront auf einem von Kapernsträuchern und Wolfsmilch überwucherten Sandsteinfelsen unmittelbar unterhalb der Altstadt über dem Meer. Über einen Traumstrand mit Liegestühlen und bonbonfarbenen Fischerbooten, der erst vor 200 Jahren angespült wurde, kann man heute trockenen Fußes zu der hübschen Terrasse des Gotteshauses hinüberwandeln. *Wird zzt. restauriert, wieder zugänglich ca. ab Sommer 2010*

ESSEN & TRINKEN

DA CECÈ

Der Tradition verpflichtete, gehobene Küche und Piazzaflair. *Mai–Sept. tgl. | Largo Toraldo Grimaldi | Tel. 09 63 60 32 19* | €€–€€€

LA MUNIZIONE

Traumterrasse auf alter Pulverkammer. Außer frischem Fisch sind Auberginen und rote Tropeazwiebeln die Protagonisten von Anitas feiner Küche. *April–Okt. tgl., Juni–Aug. nur abends | Largo Duomo 12 | Tel. 34 78 08 05 11* | €€€

OSTERIA DEL PESCATORE

Rustikaler Familienbetrieb. Den Fisch liefert der Vater der Köchin wenn möglich täglich frisch. Außerdem einfache, delikate Gemüsegerichte, dazu ein offener Wein. *Außer Juli/Aug. mittags geschl. | Via del Monte 7 | Tel. 09 63 60 30 18* | €€–€€€

TRE FONTANE

Trattoria mit Piazzaflair und leckeren Pasta- und Fischgerichten. *Di geschl. | Corso Vittorio Emanuele | Tel. 096 36 14 19* | €€

EINKAUFEN

ALIMENTARI PANDULLO Insider Tipp

An Touristengeschäften mit Souvenirs und Tand herrscht in Tropea kein Mangel. In diesem urigen Laden am Altstadtrand bekommen Sie hingegen beste lokale Würste und Käse. *Largo San Michele 20*

ÜBERNACHTEN

NEW PARADISE

Campingplatz und Ferienclub im Grünen mit schönem Blick oberhalb der Marina. *20 Apartments | Ortsteil La Grazia | Tel. 096 36 25 77 | Fax 096 36 18 41 | www.newparadisetropea.it* | €€

LA PORTA DEL MARE

Die Hälfte der geräumigen Zimmer bietet Meerblick. Den gibts für alle von der tollen Dachterrasse. *11 Zi. | Via Libertà 52 | Tel. 09 63 60 70 41 | Fax 09 63 60 59 56 | www.valentour.it* | €€€

PRIVATZIMMER

Das *Caffè del Corso* und die *Pizzeria La Napoli,* beide am Corso Vittorio Emanuele, sind gute Anlaufstellen für günstige Privatzimmer in der Altstadt und Apartments in der näheren Umgebung. €€

RESIDENZA LA VIGNA

Von Oliven und Orangen umgeben, liegt das gepflegte Anwesen oberhalb der SS 522 3 km östlich in Parghelia. Apartments mit kleiner Küche, schöner Garten. Mindestmietzeit eine Woche. *10 Zi. | Ortsteil Tonnara | Tel. 09 63 60 04 44 | Fax 09 63 60 17 00 | www.residenzalavigna.it* | €€€

VILLA GIADA

Bed and Breakfast in Traumlage am Strand; die Altstadt ist zu Fuß über Treppenwege zu erreichen. Ideal auch mit Kindern. *8 Zi. | Marina del Convento | Tel. 09 63 60 70 50 | www.villagiadatropea.com* | €€€

SPRACHKURSE

PICCOLA UNIVERSITÀ ITALIANA

Freundliche Sprachschule in der Altstadt: Professionelle Kurse, Anreise und Unterkunft werden auf Wunsch organisiert, abwechslungsreiches Freizeitprogramm. *Largo Antonio Pandullo 5 | Tel. 09 63 60 32 84 | www.piccolauniversitaitaliana.com*

Die feinsandigen Strände um Tropea und Capo Vaticano: Kalabriens beliebteste Urlaubsregion

TROPEA & COSTA VIOLA

FREIZEIT & SPORT

Im Sommer gut organisiertes Beachlife. Mieten Sie sich eine Vespa oder ein Mountainbike, und erkunden Sie das Hinterland. Wandertipps fürs Hinterland auf der Website *www.tropeatrekking.it*.

STRÄNDE

Treppenwege führen direkt aus der Stadt in wenigen Minuten zu den schönsten Sandstränden zu beiden Seiten des Isolafelsens hinab.

AM ABEND

Im Sommer spielt sich das Nachtleben auf offener Straße ab. Angesagte ▶▶ Treffpunkte sind am Corso die *Max Bar* sowie an der Piazza Vittorio Veneto die *Bar Centrale* und das *Café Macrì*.

AUSKUNFT

Piazza Ercole 29 | Tel./Fax 096 36 14 75 | www.prolocotropea.eu

ZIELE IN DER UMGEBUNG

BRIATICO [121 D1]

An einem Küstenstrich mit zauberhaft schönen Stränden liegt 15 km östlich in Briatico die ehemalige Thunfischfabrik *Tonnara di Sant'Irene*. Seit der Antike wird an dieser Küste Thunfisch gefangen. Aus römischer Zeit stammen Felsbecken im Meer, in denen Fische eingesalzen wurden. Bei Einheimischen beliebt ist die Insider Tipp Sandbucht zu Füßen des verfallenen Küstenwachtturms La Rocchetta. Guten Fisch und abends auch Pizza gibts nebenan im Terrassenrestaurant *La Perla del Golfo (Mo geschl. | Marina di Briatico | Tel. 34 90 52 06 36 | €€).*

CAPO VATICANO ★ [120 C2]

Ein Geheimtipp ist das 10 km südwestlich gelegene Capo Vaticano längst nicht mehr, aber es bietet Bootsfahrern, Wasserratten und Wanderern immer noch tolle Klippen und intime Badebuchten. Leider ist die sanft ansteigende Küstenlandschaft zu beiden Seiten des Kaps zersiedelt. Viele Bauern haben sich im Lauf der Zeit zu Kleinhoteliers gewandelt. Campingplätze, die allmählich in Bungalowanlagen umgewandelt werden, Pensionen und Trattorien mit Aussicht auf das grandiose Küstentheater prägen das Bild. Während Badebuchten wie die *Spiaggia di Grotticelle* bei Santa Maria im Sommer aus allen Nähten platzen, sind Bergorte wie *Coccorino* oder *Spilinga* (die Heimat der höllenscharfen *'nduja*-Wurst) noch recht archaisch.

NICOTERA [120 C2]

Das hübsche Städtchen (7500 Ew.) 30 km südlich schwebt als Belvedere über dem Golf von Gioia Tauro. Tropeatouristen tauchen hier ein ins „echte" Kalabrien. Ein Bummel durch das *centro storico* führt durchs alte Judenviertel *Giudecca* und zum Kastell. Einen wichtigen Erwerbszweig bilden immer noch die Granitbrüche; sorgfältig behauene Barockportale zieren Palazzi und Kirchen.

ZUNGRI [120 C2]

Aus der Ortsmitte des 20 km östlich gelegenen Zungri führen die braunen Hinweisschilder „Insediamento rupestre", vorbei an der Kirche Santa Maria della Neve, zu einer Insider Tipp Grottenstadt aus byzantinischer Zeit *(www.comunezungri.it)*.

> DIE SPITZE DES STIEFELS

Bergamotten und Brigantennester im rauen Aspromonte, Sizilienblick und antike Bronzekrieger in Reggio di Calabria

> Im tiefsten Süden, an den Küsten des Festlands, die Afrika am nächsten sind, schockiert das unvermittelte Nebeneinander atemraubender Schönheit und liebloser Betonverschandelung.

Traumblicke an der Jasminküste, der Costa dei Gelsomini, und Haine voll kostbarer Bergamotten wechseln sich mit halb fertigen Bauruinen und in die Landschaft geklotzten Billigferienhäusern ab. Die steilen Abhänge des Aspromonte lassen nur einen schmalen Küstenstreifen frei. Hier drängt sich alles, die Eisenbahn und die Schnellstraße, auf deren Seitenstreifen Oleander blüht, der in den Fiumaren, den breiten Kiesbetten der Bergflüsse, sogar wild wuchert.

Moloch Reggio di Calabria: Die historische Hauptstadt der Region wuchert mit Industrie- und Hafengebäuden bis Villa San Giovanni. Von hier setzen Auto- und Eisenbahnfähren fast im Minutentakt über die an

Bild: Pentedattilo

REGGIO UND ASPROMONTE

dieser Stelle nur 3 km schmale Straße von Messina nach Sizilien über. Doch wegen der weltberühmten Bronzi di Riace und der subtropischen Pflanzenpracht am *lungomare,* der Uferpromenade, lohnt der Besuch Reggios absolut.

Kontrastprogramm sind die urgewaltige Natur und die halb verlassenen Bergdörfer des Aspromonte, die nur auf abenteuerlichen Straßen zu erreichen sind. Hoch über der ionischen Küste lockt Gerace, eine der schönsten Kunststädte des Mezzogiorno, mit einem prachtvollen Normannendom.

GERACE

[121 D4] **Die auf einem Tafelberg ruhende, geschichtsträchtige ehemalige Bischofsstadt (2900 Ew.) führt einen Sperber im Wappen.** Der Raubvogel (von dessen griechischem Namen *hierax*

GERACE

Ein Ziegelmeer in Rot- und Brauntönen: Blick über die Dächer von Gerace

leitet sich der Ortsname ab) wies den Bewohnern des spätantiken Lokroi von der Küste den Platz für eine sichere Neuansiedlung im Landesinneren. Der Besuch in Gerace lohnt vor allem wegen der faszinierenden Sakralbauten aus byzantinisch-normannischer Epoche und wegen der unversehrt erhaltenen, schönen mittelalterlichen Altstadt.

SEHENSWERTES

DUOMO DELL'ASSUNTA ★

Die Kathedrale betritt man von der Apsis aus über die von antiken Säulen gestützte Krypta (Diözesanmuseum). Eine Treppe führt in den größten Kirchenbau Kalabriens. Obschon unter byzantinischer Herrschaft 1045 geweiht, fügt sich die monumentale Architektur ins normannische Bauschema. Monumentale Säulen aus Granit, Serpentin und Marmor aus dem antiken Lokroi verleihen dem von Barockzutaten befreiten Innenraum majestätische Würde. *Tgl. (Okt. bis April Di–So) 9.30–13 und 15–19 Uhr (im Sommer länger)*

SAN FRANCESCO

Ein arabosizilianisches Portal mit Zickzackbändern schmückt die Flanke der beim Erdbeben 1783 beschädigten Franziskanerkirche. Genaues Hinschauen lohnt bei den detailverliebten Marmoreinlegearbeiten des Hauptaltars. Im Chor bewachen weibliche Allegorien der Tugenden das gotische Wandgrab des 1372 verstorbenen Prinzen Nicola Ruffo. *Wenn geschl.: Kustode in der Via Duca d'Aosta | Tel. 09 64 35 60 21*

SAN GIOVANELLO (SAN GIOVANNI CRISOSTOMO)

Getrennte Eingänge für Männer und Frauen und eine frisch aufgestellte Ikonostase (Bilderwand): In der byzantinischen Kapelle aus dem 11. Jh. (Freskenreste) wird wieder Gottesdienst nach orthodoxem Ritus gefeiert.

REGGIO & ASPROMONTE

ESSEN & TRINKEN

sider ipp **BAR DEL TOCCO**

Jasminblüten, Maulbeeren, Zitronen oder Bergamotten verwandeln sich unter Giuseppe Rinaldis geschickten Händen in köstliche *granite* (Sorbets). *Tgl.* | *Piazza del Tocco 7*

LO SPARVIERO

Deftige kalabrische Küche in rustikalem Ambiente: Würste und Gemüse vom Grill, Rotwein vom Fass. Der Wirt vermittelt in der Altstadt Privatzimmer. *Mo geschl.* | *Via Luigi Cadorna 3* | *Tel. 09 64 35 68 26* | €–€€

ÜBERNACHTEN

sider ipp **LA CASA DI GIANNA**

Stilvoller Luxus in altem Palazzo mit ausgezeichnetem Terrassenrestaurant. *10 Zi.* | *Via Paolo Frascà 4* | *Tel. 09 64 35 50 24* | *Fax 09 64 35 50 81* | *www.lacasadigianna.it* | €€€

AM ABEND

COCO LIGHTS PUB ▶▶

Lockere Stimmung im alten Lagerhaus am Kastell: *panini,* Bier und gute Musik. *Im Winter Di geschl.* | *Via Castello*

AUSKUNFT

Infokiosk unterhalb der Altstadt im Ortsteil Calvario | *Tel. 09 64 50 01 15*

ZIELE IN DER UMGEBUNG

LOCRI [121 D–E4]

Das antike Lokroi Epizephyrioi wurde 673 v. Chr. gegründet – angeblich von Aristokratinnen aus der griechischen Lokris, die mit ihren Sklaven durchbrannten, da ihre Männer ständig auf Kriegszug waren. Tatsächlich waren in Lokroi mutterrechtliche Kulte besonders populär. Von der antiken *polis* (Stadt), in der zu ihrer Blütezeit 30 000 Menschen lebten, sind in der 10 km südöstlich von Gerace gelegenen *Zona Archeologica (tgl. 9 Uhr–1 Std. vor Sonnenuntergang, 1. und 3. Mo im Monat geschl.* | *Küstenstraße SS 106)* das griechische Theater, Tempelfundamente, ein Handwerkerviertel und Nekropolen zu sehen. Das *Museo Nazionale di Locri Epizefiri (tgl. 9 bis 20 Uhr, 1. und 3. Mo im Monat geschl.)* informiert umfassend – die spektakulärsten Fundstücke lagern freilich im Museum in Reggio.

MARCO POLO HIGHLIGHTS

★ **Duomo dell'Assunta**
Antike Marmorsäulen stützen Kalabriens größten Kirchenbau in Gerace (Seite 78)

★ **Lungomare Matteotti**
In Reggio: subtropische Pflanzenpracht und der Traumblick nach Sizilien auf den Ätna (Seite 81)

★ **Bronzekrieger von Riace**
Kalabriens schönste Männer: im Archäologischen Museum in Reggio (Seite 81)

★ **Pentedattilo**
Fünf Finger aus Fels beschirmen das schönste Geisterdorf Kalabriens (Seite 84)

★ **Museo della Certosa**
In Serra San Bruno eintauchen in die spirituelle Welt der Kartäuser (Seite 85)

★ **La Cattolica**
Fünf Ziegelkuppeln krönen das byzantinische Kirchlein in Stilo (Seite 86)

Insider Tipp **PARCO MUSEO SANTA BARBARA** ▶▶ [121 D3]

Nik Spatari (geboren 1929), der „Nik de St-Phalle Kalabriens", der in Paris mit Le Corbusier zusammenarbeitete, hat in seinem gut 30 km nördlich gelegenen Heimatdorf *Mammola* einen faszinierenden Skulpturenpark geschaffen – inmitten der mediterranen Vegetation eines ausgedehnten Klostergartens. *Park tgl. 9 Uhr bis 1 Std. vor Sonnenuntergang, Museum tgl. 9–13 Uhr | Besuch mgl. nach schriftlicher Anmeldung per Fax oder E-Mail | Tel./Fax 09 64 41 42 20 | info@musaba.org | www.musaba.org*

Spatari-Skulptur in Mammola: moderne Kunst in altem Klostergarten

REGGIO DI CALABRIA

[120 B5] **Das Erdbeben von Messina hat 1908 auch Reggio (180 000 Ew.) schwere Wunden geschlagen.** Angesichts des im Liberty, dem italienischen Jugendstil, großzügig wieder aufgebauten Zentrums vergisst man leicht die vieltausendjährige Geschichte der Exhauptstadt Kalabriens. Als eine der frühesten griechischen Kolonien wurde Rhegion im 8. Jh. v. Chr. gegründet. In den Punischen Kriegen spielte die Hafenstadt eine wichtige Rolle, und nach einem arabischen Intermezzo wurde sie im 11. Jh. zum Brückenkopf der normannischen Eroberung Siziliens. 1970 kam es zu blutigen Aufständen, als die Kapitale der Region nach Catanzaro verlegt wurde.

Einstweilen ist man in Reggio stolz auf das Fußballteam Reggina *(www.regginacalcio.com)*, das zurzeit leider in der Serie B spielt, auf die wunderbaren *gelaterie* und auf die größten Söhne der Stadt: auf den Dichter und Sänger Ibykos (6. Jh. v. Chr.), auf Modezar Gianni Versace (1946 bis 1997) und auf den Futuristen Umberto Boccioni (1882–1916) – eine seiner Skulpturen ziert die Rückseite der italienischen 20-Cent-Münze.

SEHENSWERTES

DUOMO

Kunstgeschichtlich kein Meisterwerk, ist der Dom doch der Stolz der Stadt. Das Gotteshaus wurde nach der Erdbebenkatastrophe im Zuckerbäckerstil wieder aufgebaut und birgt die verehrte Paulussäule, vor der der Apostel seine erste Predigt auf dem italienischen Festland hielt.

LUNGOMARE MATTEOTTI ★

„Der schönste Kilometer der Welt", so der italienische Literat Gabriele D'Annunzio über die Uferpromenade, wurde 2000 nach Entwürfen des Architekten Pier Luigi Nervi (1891 bis 1979) neu gestaltet, der auch das Olympiastadion in Rom und das Unesco-Gebäude in Paris entwarf. Der Charme dieser besonders in den Abendstunden frequentierten Flaniermeile liegt neben der bronzehäutigen, schick gekleideten Jugend im göttlichen Sizilienblick. Der ganze Lungomare ist eine WLAN-Zone – Gratisregistrierung in der Touristeninformation im Palazzo Zerbi.

MUSEO ARCHEOLOGICO NAZIONALE

Eines der großen Antikenmuseen Italiens. Das in faschistischer Ära errichtete Gebäude präsentiert sich museumsdidaktisch auf neuestem Stand. Von Steinzeitmalerei bis zu den Tempelfiguren von Lokroi und fein geprägten griechischen Münzen führt der Rundgang. Die Stars sind die 2 m großen, fast erotisch wirkenden ★ *Bronzekrieger von Riace* (5. Jh. v. Chr.), die auf erdbebensicheren Podesten im Untergeschoss posieren. In künstlerischer wie technischer Hinsicht wahre Meisterwerke, verkörpern die beiden Helden in prototypischer Weise das griechische Schönheitsideal. Erst nach langen Streitigkeiten setzte die kalabrische Antikenbehörde durch, dass die in Griechenland gegossenen und nach einem Schiffbruch Jahrtausende im Ionischen Meer versunkenen Figuren nach der Restaurierung nicht in Florenz verblieben. *Di–So 9–19.30 Uhr | Piazza De Nava 26 | www.museonazionalerc.it*

Die Bronzi di Riace gäben auch in einem Fitnessstudio unserer Tage *bella figura* ab

ESSEN & TRINKEN

BUFALA E COZZE

Von jungen Leuten geführtes Steakhaus mit Pizzeria und Augenmerk auch auf die lokale Küche. Gute Weine. *Tgl. | Via Demetrio Tripepi 81–83 | Tel. 096 52 93 61 |* €–€€

LE ROSE AL BICCHIERE

Die erste Weinbar Reggios gibt sich vornehm-dezent. Der Wein kann auch glasweise konsumiert werden, dazu werden delikate Snacks und vorzüglicher Käse gereicht – aber nur von Oktober bis April. *Sa-Mittag und So geschl. | Via Demetrio Tripepi 118 | Tel. 096 52 29 56* | €€

EINKAUFEN

CENTRO DISCHI ▶▶

Zwei Schritte vom Dom gibt es den neuesten Calabro-Sound und heiße Szenetipps. *Via Tommaso Gulli 25–29*

Insider Tipp FIORI DI CALABRIA

Parfums, Badesalze und Seifen. Mischen Sie sich Ihr privates Eau de Cologne aus Bergamottessenz! *Via Osanna 3 c | www.fioridicalabria.it*

ÜBERNACHTEN

GRAND HOTEL EXCELSIOR

Die teure Luxusbleibe hat den Vorzug, gleich im Rücken des Archäologischen Museums zu liegen. *84 Zi. | Via Vittorio Veneto 66 | Tel. 09 65 81 22 11 | Fax 09 65 89 30 84 | www.montesanohotels.it* | €€€

LUNGOMARE

Aufgefrischter Jugendstilpalazzo mit modernem Komfort und toller Dachterrasse mit Blick auf die Meerenge. In Gehdistanz zum Archäologischen Museum. *32 Zi. | Viale Genoese Zerbi 13 b | Tel. 096 52 04 86 | Fax 096 52 14 39 | www.hotellungomare.rc.it* | €€–€€€

FREIZEIT & SPORT

Sizilien im Blick: joggen auf der mondänen Meerespromenade. Wer früh am Morgen in die Turnschuhe schlüpft, erlebt vielleicht das Wunder einer Fata Morgana jenseits des Stretto di Messina. Am Abend gleiten die *ragazzi* auf ihren Skates über das fugenlos verlegte Pflaster. Die meisten Bewohner entscheiden sich für eine weniger schweißtreibende Sportvariante und verfolgen am Sonntag die Geschicke ihres Fußballvereins Reggina auf den Großbildschirmen in Pubs oder Bars.

STRÄNDE

Nach der gelungenen Sanierung des Lungomare hat der *Lido Comunale Genoese Zerbi* direkt unterhalb der Piazza Indipendenza wieder aufgemacht. Unschlagbares Panorama, Wasserqualität okay.

AM ABEND

Jeden Monat erscheint das Gratisheftchen „Tutto Qui" *(www.tuttoqui.it/reggiocalabria)* mit aktuellen Szenetipps für Reggio und Umgebung. Sie bekommen es in Bars, Pubs, Kinos und Plattenläden. Im Sommer öffnen die Lidi am Lungomare: abends Livemusik oder Disko.

B'ART ▶▶

Einer der neuen Inplätze der Stadt ist diese Lounge-Terrassen-Restaurant-Bar im Foyer des Teatro Comunale. *Corso Garibaldi | www.bartcafe.com*

BIRRI BASTA

Pizza, leckere Antipasti, junges Publikum und Biere aus aller Welt. *Via Cattolica dei Greci 24*

LA SOSTA ▶▶

Der beste Jazzclub der Gegend befindet sich im nahen Villa San Giovanni nahe beim Bahnhof. Von Oktober bis Mai montags Livekonzerte interna-

REGGIO & ASPROMONTE

Von Reggios Lungomare Matteotti schauen Sie über die Meerenge von Messina bis nach Sizilien

tionaler Stars. *Via Monsignor Bergamo | www.lasosta.net*

AUSKUNFT

Palazzo Zerbi | Via Zaleuco 16| Tel. 096 52 30 79 | http://turismo.reggiocal.it

ZIELE IN DER UMGEBUNG

ASPROMONTE [120–121 C–D 4–6]

Ob italienisch „rauer“ oder griechisch „weißer“ Berg – der Aspromonte ist ein knorriges, unzugängliches Gebirge voller Überraschungen. Sein lockeres sogenanntes Konglomeratgestein gibt bei jedem Regen nach und verschüttet die oft nicht asphaltierten, mit Schlaglöchern übersäten Serpentinenstraßen. Pioniergeist wird hier mit großartigen Landschaftserlebnissen belohnt: hohe Wasserfälle, sommertrockene Fiumaren, bizarre Sandsteinformationen, Buchen- und Tannenwälder voller Pilze. Tourismus ist hier ein noch junges Phänomen, kulturell engagierte Kooperativen zeigen Gästen ihre Heimat: Die Initiative *Cooperativa San Leo (Via Polemo | Tel. 34 73 04 67 99 | www.naturaliterweb.it)* in Bova organisiert Trekkingtouren, vermittelt Privatunterkünfte (€) und betreibt in Bova eine Trattoria (€). Etliche weitere Kooperativen bieten geführte Wander- und Trekkingtouren an, u. a. *Up & Down* in *Gambarie (c/o Hotel Miramonti | www.gambarie.org).*

Von Reggio schnell zu erreichen ist der Wintersportort *Gambarie* (1500 Ew., 1310 m), das Zentrum des Parco Nazionale dell'Aspromonte, der sein Bergtourenprogramm deutlich ausgeweitet hat. Das Restaurant des rustikalen Familienhotels *Miramonti (tgl. | Via degli Sci 10 | Tel. 09 65 74 30 48 | www.hotelmiramontigambarie.it | €€)* serviert Pilz- und Wildspezialitäten.

Ein ca. 30-minütiger Autoausflug führt zum Fuß des *Montalto,* mit 1955 m höchster Gipfel des Aspromonte, den eine Christusstatue beschützt. Die auch für Kinder geeignete kurze Wanderung wird mit einem Prachtblick über die Bergwildnis bis zum sizilianischen Ätna belohnt.

Insider Tipp

Endlose Schotterpisten schrauben sich zum einsamen *Santuario della Madonna di Polsi,* das Ende August Ziel Tausender von Pilgern ist. Besser mit Jeep kämpft man sich auch zu den halb verlassenen Bergnestern *Gallicianò* und *Roghudi* im Süden des Massivs oberhalb der grandiosen Fiumara Amendolea durch. *Kalós írthate,* „willkommen", grüßen zweisprachige Ortsschilder auf Griechisch. Noch sprechen die Alten hier den grekanischen Dialekt.

Bis in die jüngste Vergangenheit war der Aspromonte Rückzugsgebiet von Briganten und *'ndrangheta.* In Santo Stefano wird heute noch Giuseppe Musolino (1876–1956), der „Wolf des Aspromonte", besungen. Der unschuldig zu 21 Jahren Verurteilte narrte auf seiner Flucht die Carabinieri drei Jahre lang. Auch die meisten italienischen Kidnappingopfer der Achtzigerjahre schmachteten in Aspromontehöhlen – heute hofft man, eher legal am Tourismus zu verdienen. Balladen über Giuseppe Musolino auf CD vom populären Otello Profazio oder dem *cantastorie (Bänkelsänger) Orazio Strano gibt es an Ständen auf Märkten und Festen, z. B. am Santuario di Polsi.*

Insider Tipp

Maulbeerbäume und Bergamotten umgeben den *agriturismo Il Bergamotto (12 Zi. | von der SS 106 Richtung Amendolea, Condofuri | Tel. 09 65 72 72 13 | Fax 09 65 72 72 13 | ugosergi@yahoo.it | €)* von Tiziana und Ugo Sergi – ein Traum nicht nur für Kinder mit Eselsritten und spannenden Naturwanderungen.

Auskunft bei der *Ente Parco Nazionale dell'Aspromonte in Gambarie (Via Aurora | Tel. 09 65 74 30 60 | Fax 09 65 74 30 26 | www.parcoaspromonte.it).*

PENTEDATTILO ★ **[120 B6]**
Ein Stück malerisches Kappadokien in Süditalien: Der verlassene Hirtenort wird von den „fünf Fingern", bizarr verwitterten Sandsteinkegeln, überragt. Pentedattilos Schicksal ist typisch für den lieblosen Umgang der Behörden mit dem eigenen Erbe. Mitte der Sechzigerjahre wurden die Bewohner wegen angeblicher Erdbebengefahr evakuiert – so verfiel der Ort, ohne je von einem Erdstoß erschüttert worden zu sein.

Ideal als Quartier zur Erkundung von Pentedattilo: das *Ostello della Gioventù (Via Crimameno 1 | Tel. 09 65 77 15 48 | €)* in Pentedattilo Nuovo oder die von der Associazione Pro Pentedattilo *(www.pentedattilo.info)* restaurierten und als Gästeunterkünfte genutzten Häuser im alten Ort.

SERRA SAN BRUNO

[121 E2] Tief zurückgezogen im urwaldähnlichen Bergland der Serre errichtete der hl. Bruno von Köln 1091 nach dem Vorbild der von ihm gegründeten Grande Chartreuse bei Grenoble seine zweite Kartause. Typisch für die Kartäuser ist das absolute Schweigegebot, das nur bei Notfällen und für die Messe unterbrochen wird, sowie die Anonymität: Selbst auf Grabkreuzen steht kein Name. Man munkelt, dass einer der Hiroshimabomber hier nach 1945 seinen Frieden gefunden haben soll.

Der betriebsame Ort Serra San Bruno (7000 Ew.) entstand aus der

Ansiedlung der Klosterhandwerker. Heute noch werden hier kunstvolle Schmiedearbeiten von Hand gefertigt. Pilzreiche Wälder laden zu erholsamen Wanderungen ein. Probieren Sie

SANTA MARIA DEL BOSCO
Ein lauschiger Waldspaziergang geleitet zu der idyllischen Kirche, wo die Sterbegrotte des hl. Bruno verehrt wird.

Gregorianische Musik untermalt den Besuch im Klostermuseum von Serra San Bruno

die lokale Spezialität: einen Magenbitter mit Steinpilzaroma!

SEHENSWERTES

MUSEO DELLA CERTOSA ★
Das Klostergebäude im Ortsteil Certosa wurde um 1900 über den Trümmern des beim Beben von 1783 eingestürzten Vorgängerbaus errichtet. Besucher sind nur im vorbildlich gestalteten Museum erlaubt. Es führt zu gregorianischer Musik in die verschlossene Glaubenswelt des Einsiedlerordens ein. *Di–So 9–13 und 15 bis 18.30 (Mai–Sept. bis 20) Uhr*

ESSEN & TRINKEN

SANTA MARIA Insider Tipp
In dem Blockhaus in der Nähe von Santa Maria del Bosco tischt Signora Angela regionale Pilz- und Nudelgerichte auf, dazu lässt man sich den Fasswein aus Bivongi schmecken. *Okt.–Feb. Mo geschl.* | *Ortsteil Santa Maria del Bosco* | *Tel. 096 37 00 00* | *www.ritrovosantamaria.it* | €

EINKAUFEN

SERFUNGHI CALABRIA
Steinpilze frisch, in Öl eingelegt oder getrocknet. Sogar dem *amaro* ver-

leihen die *porcini* ihr unvergleichliches Aroma. *Via Pisani 9 | SS 110 | www.serfunghi.com*

ÜBERNACHTEN

CERTOSA

Der Padrone des renovierten Hotels verwöhnt seine Gäste mit Pilzgerichten und Wandertipps. *32 Zi. | Via A. Scrivo 6 | Tel. 096 37 15 38 | Fax 096 37 21 30* | €€

>LOW BUDGET

- Wenn es im Januar/Februar und Ende Juli/August bei den *saldi moda italiana* zu Schnäppchenpreisen gibt: Auf nach Reggio di Calabria! Zum Beispiel zu einem Bummel über den Corso Garibaldi, wo 2007 Giorgio Armani an Land gegangen ist. Das *Emporio* samt *video wall* hat der Meister selbst entworfen, auf zwei Stockwerken werden Lifestyleprodukte ausgebreitet. Keine Markenartikel, aber gute Ware zu fairen Preisen bietet *Pastore (Corso Garibaldi 303–307)* das ganze Jahr über an. Kinder und Nostalgiker finden hier *fischietti di Seminara*, Vogelpfeifen aus Ton.
- Eine Kreuzfahrt fast geschenkt: Vom Hafen in Reggio setzen von Mo bis Sa alle paar Stunden Fähren über die Meerenge nach Messina über *(Tickets zu knapp 2 Euro direkt am Anleger | www.meridianolines.it)*. Die Überfahrt dauert 45 Minuten, und mit Glück gibts den Ätnablick gratis dazu.
- Am Kiosk vor der Cattolica in Stilo serviert Fernando Salanova ebenso preiswerte wie köstliche kalabresische Spezialitäten.

STILO

[121 E3] In einer von Fiumaren, den sommertrockenen Wildbachbetten, zerrissenen Landschaft posiert das am Hang ansteigende Stilo (3500 Ew.) unter der burggekrönten Felskulisse des Monte Consolino. Mit Rossano war es das bedeutendste Zentrum byzantinischer Basilianermönche. Der Ortsname *(stylos* = Säule) kommt aus dem Griechischen. Zu Füßen der Altstadt erhebt sich das Denkmal des Philosophen Tommaso Campanella, der im nahen Stignano das Licht der Welt erblickte.

SEHENSWERTES

CASTELLO NORMANNO

Von der Cattolica führt ein einstündiger Fußmarsch auf den 701 m hohen Burgberg *Monte Consolino*. Die Mühe wird mit einem sagenhaften Meerblick und romantischen Ruinen belohnt.

LA CATTOLICA ★

Das entzückende Ziegelkirchlein mit seinen fünf Kuppeln am Hang oberhalb des Orts ist das byzantinische Wahrzeichen Kalabriens. Im 10. Jh. wurde es als Hauptkapelle und klösterlicher Mittelpunkt einer in Grotten hausenden Mönchsgemeinschaft errichtet. Die vier Säulen stammen aus dem antiken Kaulonia. *Sept.–April tgl. 7–19, Mai–Aug. 8–20 Uhr*

ESSEN & TRINKEN

LA BUCA DEL RE

Gepflegt Tafeln in einer Tuffsteingrotte in der Altstadt. *Im Winter mittags geschl. | Via XXI Aprile | Tel. 33 17 39 35 30* | €€

IL CASTELLO

Authentische kalabrische Küche wie von *mamma,* abends junges Publikum und auch Pizza. *Di geschl. | Viale Roma/Piazza L. Carnovale | Tel. 33 94 64 31 45 | €*

ÜBERNACHTEN

CITTÀ DEL SOLE

Modernes, komfortables Hotel im oberen Ortsteil. *33 Zi. | Viale Roma 8 | Tel. 09 64 77 54 10 | cittadelsole coop@libero.it | €€*

STRÄNDE

Vom 15 km südöstlich gelegenen Monasterace Marina sind die einsamen Strände an der Punta Stilo zu Fuß zu erreichen.

AUSKUNFT

nur online: *www.locride.net*

ZIELE IN DER UMGEBUNG

BIVONGI [121 E3]

Seit 1995 leben wieder griechisch-orthodoxe Mönche in den normannischen Ruinen des Klosters *San Giovanni Theristis (Juli–Mitte Sept. tgl. 17 Uhr–Sonnenuntergang, sonst Sa/So 10–12 und 15–17 Uhr)* nördlich vom wenige Kilometer entfernten Bivongi. Der Padrone der urigen Trattoria *Insider Tipp* *La Vecchia Miniera (Mo geschl. | Ortsteil Perrocalli | Tel. 09 64 73 18 69 | €€)* in einer aufgelassenen Mine organisiert Jeepexkursionen zur *Cascata di Maesano,* dem höchsten Wasserfall Kalabriens.

RIACE UND RIACE MARINA [121 E–F3]

Im Badeort Riace Marina mit schönen Kies- und Sandstränden entdeckte 1972 ein Taucher die *Bronzi di Riace.* Da Kosmas und Damian als Ortsheilige verehrt werden, identifizierten die Riacesen die Skulpturen spontan mit den heiligen Ärzten. Im mittelalterlichen Bergort organisiert die rührige kirchliche Initiative *Città Futura G. Puglisi (Via Pinnarò 20 | Tel./Fax 09 64 77 80 08 | www.cittafutura riace.it | €)* Unterkünfte in historischen Häusern (einige Mitglieder sprechen Deutsch). Das sympathische *B & B Dino (Via Nazionale 180 | Tel. 09 64 77 10 44 | www.dino beb.it | €–€€)* liegt direkt am Strand von Riace Marina. Dino zeigt Gästen die besten Angelplätze, Signora Maria bereitet den gefangenen Fisch köstlich zu.

Markant: die fünf Kuppeln von La Cattolica

> IN DIE DREI GEBIRGE KALABRIENS

Pollino, Sila und Aspromonte:
drei Ausflüge in die Berge des kalabrischen Landesinneren

Die Touren sind auf dem hinteren Umschlag und im Reiseatlas grün markiert

1 VON DER COSTA DEI CEDRI IN DEN PARCO DEL POLLINO

Im Norden Kalabriens geraten Kunst, Küche und Natur zum Hochgenuss. Die 150 bzw. mit Abstechern knapp 300 km lange Zweitagerundfahrt führt durch den größten Nationalpark Italiens und in Bergorte, in denen albanisches Brauchtum noch nach 500 Jahren lebendig ist. Übernachten und gut einkehren können Sie in Altomonte, Castrovillari, Civita oder Morano Calabro. Und packen Sie die Wanderschuhe ein! Die vorgeschlagene Route folgt meist verkehrsarmen Straßen und lässt sich in mehreren Tagen auch mit einem Mountainbike bewältigen. Nur im letzten Abschnitt empfiehlt es sich, die Küstenstraße SS 18 zu meiden und stattdessen von Orsomarso über Santa Maria del Cedro nach Cirella zurückzuradeln.

Von **Diamante-Cirella** *(S. 30)* führt die Küstenstraße SS 18 nach Süden, um auf Höhe von **Belvedere Marittimo** auf

Bild: Morano Calabro

AUSFLÜGE & TOUREN

die SS 105 ins Landesinnere abzubiegen. Der Belvedere, den der Ortsname verspricht, ist durch die moderne Küstenbebauung zum Teil verstellt. Doch schnell schrauben sich die Straßenkurven in herrliche Landschaft hoch, und der Blick zurück auf die Costa dei Cedri ist nun wirklich *molto bello.*

Durch dichte Wälder geht es über den 740 m hohen **Passo dello Scalone** in den lieblichen Talkessel des Fiume Esaro. Linker Hand türmen sich eindrucksvoll die Gipfel der Monti di Orsomarso, während sich die Straße durch eine gepflegte Bauernlandschaft zieht. Aus San Sosti zweigt eine Stichstraße zum Bergheiligtum der **Madonna del Pettoruto** ab, von Mai bis Mitte September sonntags das Ziel farbenfroher Pilgerzüge. Weiter im Norden drängen sich am Hang die Häuser von **San Donato di Ninea.** Der Bergort ist Ausgangspunkt für Wanderungen auf den 1987 m hohen **Cozzo del Pellegrino. Acquaformosa (Firmoza)** und **Lungro (Ungra)** künden sich mit ihren Ortsschildern zweisprachig an. Seit Ende des 15. Jhs. leben hier Albaner.

Ein Muss ist der kurze Abstecher nach **Altomonte** *(S. 37)*. In diesem Schmuckkästlein der Gotik wird kalabrische Küche zur hohen Kunst erhoben. Der Pollino baut sich im Norden zur grandiosen Bergkulisse auf.

von Civita belastet die Reisekasse nur gering, und am nächsten Morgen können Sie direkt vom Haus aus zur Erkundung der spektakulären **Raganelloschlucht** aufbrechen. Der Wirt gibt Ihnen gern gute Tipps!

Anschließend geht es einige Kilometer zurück, bis Sie kurz hinter der Autobahn auf die SS 19 treffen und wenig später **Morano Calabro** *(S. 43)* erreichen.

Historische Altbauten, Charmehotels und Kunsthandwerkateliers: Altomonte

Zurück auf der SS 105, können Sie **Castrovillari** *(S. 39)*, der heimlichen Hauptstadt des Pollino, einen Besuch abstatten und anschließend weiter nach **Civita** (**Çifti**, *S. 40*) fahren oder auf Höhe von San Basile gleich der schmalen Straße Richtung Morano Calabro folgen. Eine Übernachtung im Bed & Breakfast **Il Belvedere** *(S. 41)*

Setzen Sie nach einem Bummel durch das Städtchen die Fahrt auf der SS 19 in Richtung Norden fort. Nach einigen weiten Kurven führt die Straße über den gut 1000 m hohen **Campo-Tenese-Pass,** seit der Antike das Nadelöhr, durch das Kalabrien aus dem Norden zu erreichen ist. Der römischen Via Popilia folgen heute die Autobahn und die „Strada delle Calabrie“ SS 19.

Bergfexe machen einen Abstecher nach Südwesten auf den über 1000 m hohen **Piano Campolongo.** Von der Ausfahrt Campo Tenese ist das *Rifugio Biagio Longo* *(Tel. 33 41 00 50 54 | www.caicastrovillari.it | €)* auf 10 km asphaltierter Straße schnell erreicht. Die von der Sektion Castrovillari des Club Alpino Italiano auf Anfrage ganzjährig geöffnete Berghütte ist ein perfekter Ausgangspunkt, um die Bergwelt des Pollino-Nationalparks im Sommer zu Fuß oder mit dem Mountainbike bzw. im Winter mit Schneeschuhen zu erkunden.

Zurück an die Costa dei Cedri geht es ab Mormanno auf der SS 504 durchs wildromantische Laotal. Achten Sie nach 12 km an der Kreuzung nach Avena auf den beschilderten Abzweig, der rechts zur **Grotta del Romito** *(S. 35)* hinabführt. Nach dem Besuch der Steinzeitgrotte können Sie sich in der gleichnamigen Familientrattoria stärken *(im Sommer tgl. | Tel. 098 18 31 38 | €)*.

Wieder auf der SS 504, verdient das hübsche **Papasidero** *(S. 35)* auf jeden Fall einen Fotostopp. Naturfreunde machen anschließend noch einen Abstecher nach **Orsomarso,** um die **Riserva Naturale Valle Fiume Argentino** zu erkunden. Lauschige Wanderungen führen am Ufer des klaren Gebirgsflusses entlang; die Forstverwaltung hat hier schöne Picknickplätze angelegt.

Zurück an der Küste, beleidigen die Bausünden um **Scalea** *(S. 34)* das Auge. Weitaus sehenswerter ist die Altstadt. Schöne Strände locken dann im nahen **San Nicola Arcella** *(S. 35)*.

2 SCHWARZWALDFEELING IN DER SILA

Diese fünfstündige Rundwanderung in den Buchen- und Schwarzkiefernwäldern der Fossiata, des Herzstücks des Parco Nazionale della Sila, folgt gut markierten, breiten Wegen. Der Waldschatten, das Murmeln des Fiume Cecita und die mit Harz angereicherte Bergluft sind im Sommer eine willkommene Erfrischung. Und nach der Wanderung erwartet Sie ein kulinarischer Höhepunkt!

Die hohen Wälder der Fossiata liegen 12 km nordöstlich von **Camigliatello Silano** *(S. 54)*, einer ehemaligen Holzfällersiedlung auf 1272 m Höhe und heute beliebt bei Wintersportlern und Sommerfrischlern. Auf der SS 177 erreichen Sie die **Infohütte des Nationalparks** *(Mai–Okt. Mo, Mi und Fr 9–14, Di, Do, Sa und So 9–16 Uhr | www.parcosila.it)* im Ortsteil **Cupone.** Hier hat die Forstverwaltung Park- und Picknickplätze, markierte Wanderwege sowie Wildgehege angelegt. Am **Posto di Ristoro** ebenfalls in Cupone können Sie sich mit kalabrischen Spezialitäten fürs Picknick eindecken. Hier gibt es auch eine Wanderkarte.

Vom Posto di Ristoro folgen Sie durchs Tor dem als **sentiero 2** bezeichneten Weg ins große Freigelände, vorbei an einem geologischen und botanischen Lehrpfad. In sanften Serpentinen ansteigend, führt der Weg anschließend in den Nadelwald. Die Stämme älterer Kiefern weisen fischgrätartige Ritzungen auf: Spuren früherer Harzgewinnung. Unterwegs zweigt rechts der *sentiero 1* ab, eine kürzere Wegvariante mit Kindern bzw. später der Rückweg. Auch am

Picknickplätze und ein Wildgehege: unterwegs im Nationalpark der Sila

nächsten Abzweig des *sentiero 6* gehen Sie geradeaus weiter und folgen dem *sentiero 2* in insgesamt knapp drei Stunden bis in den Wiesengrund der Fossiata. Dabei queren Sie unterwegs das Tal des Fiume Freddo, während Sie ein kurzer Abstecher auf den Aussichtspunkt am **Cozzo del Principe** führt.

Direkt vor der Brücke über den Fiume Cecita biegen Sie links auf den **sentiero 3** ab, der dem Lauf des Bachs folgt. Während sich der Fiume Cecita rasch vertieft, fällt der Weg nur sanft ab. Von einer kleinen Lichtung steigen Sie links auf dem **sentiero 6** wieder auf. Nach leichtem Auf und Ab geht es über eine größere Lichtung und an einer verfallenen Holzhütte vorbei. Mit einer Linkskurve führt der Pfad zurück in den Wald, einer der vielleicht schönsten Abschnitte der Wanderung.

Von unten stoßen Sie wieder auf die als **sentiero 2** markierte Forststraße. Hier schließt sich der Kreis. Auf bekanntem Weg geht es rechts zurück in Richtung Cupone. Nur ein kleiner Umweg ist der schöne Schlenker auf dem **sentiero 1,** vorbei an einer wiederaufgebauten Köhlerhütte und den *recinti faunistici* (Wildgehege). Durch das Freigelände der Forstverwaltung erreichen Sie dann wieder den Ausgangspunkt.

Hungrige Wanderer und Feinschmecker können in der **Tavernetta** *(Mi geschl. | km 5 der SS 117 im Ortsteil Campo San Lorenzo | Tel. 09 84 57 90 26 | €€€)* die Sila kulinarisch erleben. Pietro Lecce serviert in seinem bodenständig gebliebenen Gourmettempel Köstlichkeiten wie Forelle auf Steinpilzmousse. Auch die *dolci* aus wilden Waldfrüchten sind ein Hochgenuss! Direkt nebenan haben Pietro und Denise ihr ebenso feines Hotel **San Lorenzo si alberga** *(22 Zi. | Tel. 09 84 57 08 09 | www.sanlorenzosialberga.it | €€€)* eröffnet.

3 ZU FUSS INS WILDE HERZ DES ASPROMONTE

Diese abwechslungsreiche, auch für ältere Kinder nicht allzu schwierige Rundtour (teilweise markiert) führt von Natile Vecchioam Nordhang des Aspromonte 112 in vier bis fünf Stunden zu den majestätischen Sandsteinmonolithen Rocce di San Pietro und Pietra Cappa.

Biegen Sie am km 86 der Küstenstraße SS 106 südlich von Bovalino Marina auf die SS 112 dir Richtung Natile ab. Nach 11 km zweigt links die Straße Richtung Platì ab, gleich darauf ebenfalls links die unbezeichnete Straße nach **Natile Vecchio.** Ihr Auto können Sie unbesorgt auf der Piazzetta am Ortseingang abstellen (öffentliche Busse nur wenige Male am Tag). Haben Sie für Proviant gesorgt? An der Hauptstraße liegt das Lebensmittelgeschäft von Natale Marvelli. Insider Tipp Frisches Holzofenbrot bekommen Sie von der Bäckerin Giuseppina. Quellwasser und eine Bar gibt es an der Piazzetta, Brunnen auch unterwegs.

Rechts von der Bar führt eine steile Gasse hoch und trifft auf einen Maultierpfad, auf dem Sie links den Ort verlassen. Nach einer Viertelstunde zweigt der Weg rechts ab und steigt zwischen Maschendrahtzäunen weiter an. Einen ersten Abzweig lassen Sie rechts liegen und biegen an der Y-Gabelung links auf einen schmaleren Pfad. Auf Höhe eines ummauerten Obstgartens überwinden Sie den Bach und ein Gatter. Vorbei an der Trockensteinmauer steigt ein schmaler Hohlweg nach rechts in Serpentinen auf. Durch eine Bresche im Zaun stoßen Sie auf einen querenden Pfad und folgen ihm nach rechts. Unterhalb der Rocce di San Pietro klettern Sie über ein Gatter und biegen kurz danach rechts auf einen Pfad ab, der sich bald zur Fahrspur verbreitert und vorbei an wellblechgedeckten Ställen auf die nicht asphaltierte Straße aus Natile Vecchio stößt (1 Std. nach dem Start).

Auf der Schotterstraße geht es links weiter, die Blicke abwechselnd auf Platì und die Pietra Cappa gerichtet. Nach 15 Minuten kommen Sie zu einer Tafel mit einer wenig praktikablen Wanderkarte. Hier biegt links die rot-weiß markierte Fahrspur zur Pietra Cappa ab. Auf markiertem Pfad geht es weiter. Nach einem ersten Picknickplatz schwenkt der Weg mit dem Grat auf die Pietra Cappa zu. Den Abzweig nach rechts (später Ihr Rückweg) lassen Sie unbeachtet und erreichen nach wenigen Schritten die

Verlassen Sie Natile Vecchio nicht, ohne Giuseppinas Holzofenbrot gekauft zu haben

Forsthütte von Natile Vecchio. Picknicktische und eine Quelle laden zur Rast (knapp 2 Std. nach Start).

Nach der Pause lockt die Umrundung der **Pietra Cappa** (ca. 45 Min.) im Uhrzeigersinn. Im Westen des mächtigen Sandsteinmonolithen trifft der Pfad auf einen Weg. Links geht es in wenigen Minuten zur Forststation San Giorgio, während man rechts bergauf den Rückmarsch antreten kann. Nach wenigen Hundert Metern schließt sich der Kreis, und auf der bereits bekannten Route (alternativ auf der Schotterstraße) können Sie in gut 90 Min. nach Natile Vecchio zurückkehren.

EIN TAG AN KALABRIENS KÜSTE

Action pur und einmalige Erlebnisse.
Gehen Sie auf Tour mit unserem Szene-Scout

FRÜHSTÜCK

9:00

Leckere italienische *biscotti* und Kaffee to go kaufen: Zwei Ecken weiter befindet man sich schon am Lungomare delle Palme, den man bei den ersten Sonnenstrahlen, das Meer zur Rechten, hinabschlendert. **WO?** *Sgambelluri Salvatore | Via Porto Salvo 9 | Siderno | Tel. 09 64 38 81 84*

10:30

HOCH ZU ROSS

Auf dem Pferderücken ist eine Tour durchs Hinterland Frühsport mit Wachmacher-Garantie! Noch nie auf einem Pferd gesessen? Die Lehrer von *Agriturismo La Pietra Bianca* zeigen nicht nur, wie man in den Sattel steigt, sondern auch, wie man dort bleibt. **WO?** *Contrada Agliocani 35 a | Gioiosa Ionica | Kosten und Anmeldung unter Tel. 096 45 15 11 | www.lapietrabianca.altervista.org*

AB IN DEN BEACHCLUB

12:30

Chillen ist angesagt – das geht nirgends besser als am Lungomare von Locri Beach. Ein Snack und ein kühler Drink müssen jetzt her. Die leckersten gibts im *Cactusclub* und den Blick aufs Meer gleich gratis dazu. Wie wäre es mit einem Sandwich und dazu ein *Strawberry Virgin Colada* mit Erdbeeren und Ananas – ohne Alkohol, denn der Tag ist noch lang! **WO?** *Lungomare Lato Nord | Locri | Tel. 03 38 43 92 46 | www.cactusclub.it*

15:00

LA DOLCE VITA

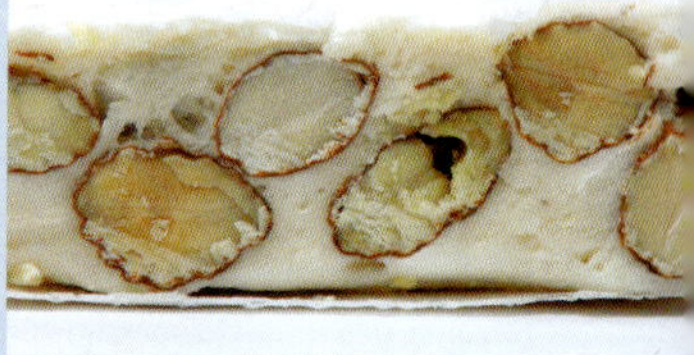

Genug entspannt? Dann los ins 60 km weiter südlich gelegene Melito di Porto Salvo. Kalabriens süßeste Seite entdeckt man am besten in der Bar *Stil Dolce.* Geheimtipp: das selbst gemachte *torrone.* Aber Vorsicht, das Nougat mit Mandeln, Honig und kandierten Früchten kann süchtig machen! **WO?** *Via Nazionale 104 | Tel. 09 65 78 18 11 | http://stildolce.com*

24h

KUNST ZUM MITNEHMEN

16:00

Auf der Traumstraße Superstrada Ionica geht es noch mal 30 km weiter nach Reggio di Calabria, dem Kunstzentrum der Region. Vielleicht findet sich hier ein passendes Geschenk für die Daheimgebliebenen? Natürlich nicht irgendein Mitbringsel, sondern moderne Kunst aus der Galerie *Dimensione Arte di Pizzini Maurizio.* **WO?** *Via Demetrio Tripepi 90 | Tel. 09 65 33 15 44 | www.dimensionearte.net*

18:00

TIEF HINAB

Faszinierende Unterwasserwelt! Farbenprächtige Fischschwärme und beeindruckende Korallen bekommt man bei einem Tauchgang mit den Guides von *Scuba Point* vor die Brille. Erfahrene Taucher erkunden ein gesunkenes Schiff. **WO?** *Via Gebbione a Mare | Reggio di Calabria | Anmeldung unter Tel. 09 65 62 68 97 | Kosten: 30 Euro | www.scubapoint.it*

PASSEGGIATA IM HAFEN

19:30

Schick machen und ab an den *Lungomare Italo Falcomatà.* Jetzt flanieren die Locals an der Hafenpromenade – italienischer Lifestyle hautnah. Ohren auf: Hier erfährt man die besten Tipps in Sachen Nightlife aus erster Hand. Danach wird der hungrige Magen im *I Tre Farfalli* mit leckerem Italo-Food besänftigt. **WO?** *Via del Torrione 47–49 | Reggio di Calabria | Tel. 09 65 81 76 67 | www.itrefarfalli.it*

23:30

HEY, MISTER DJ

Kurz vor Mitternacht geht das Leben erst richtig los! Im angesagten *Calajunco Beachclub* wird die Nacht zum Tag. Die Szenelocation liegt direkt am Strand und ist ein Mix aus Open-Air-Club und Buddha-Lounge. Einheimische DJs sorgen bis in den Morgen für beste Beats. **WO?** *Lungomare di Reggio di Calabria | www.calajuncoclub.com*

> EIN WASSERSPORT- UND WANDERPARADIES

Kalabrien mit seinen zwei langen Meeresküsten und teils grünen, teils rauen Gebirgsformationen hat den Aktivurlaub entdeckt

> Nicht nur die *turisti*, sondern auch immer mehr Einheimische entdecken die großartige Bergwelt der Region und stellen fest, dass es außer dem Strandleben auch sportliche Herausforderungen gibt. Voll im Trend liegt *trekking*, wie mit einem Hauch von Abenteuer das Wandern hierzulande genannt wird.

GOLF

Das nördlich von Cetraro auf einer Klippe hoch über dem Meer gelegene, nostalgisch-charmante *Grand Hotel San Michele (Ortsteil Bosco | SS 18 km 293,1 | Tel. 098 29 10 12 | Fax 098 29 14 30 | www.sanmichele.it)* verfügt über einen 9-Loch-Kurs mit grandiosem Panorama.

PARAGLIDING

Entlang der tyrrhenischen Küste finden Gleitschirmflieger ideale Bedingungen. In *Scalea* bietet *Lao Action Raft (Via Lauro 10–12 | Tel./Fax*

SPORT & AKTIVITÄTEN

098 52 14 76 | *www.laoraft.it)* Kurse und Flüge auch in Zweisitzern an.

PESCATURISMO

Insider Tipp

Dass Naturschutz und Fischfang keine Widersprüche sind, erleben Sie beim Hochseefischfang, dem *pescaturismo* *(www.ittiturismo.it):* Begleiten Sie die Fischer bei ihrer traditionellen Arbeit, und legen Sie selbst mit Hand an Netze, Fangleinen und Krabbenkörbe. Entsprechende Angebote finden Sie in vielen Hafenorten. Oft wird der frische Fang noch am selben Abend köstlich zubereitet. Von Mai bis August legen an Tagen mit ruhiger See in *Cannitello, Scilla* oder *Bagnara Calabra* die eleganten *passarelle* ab – speziell für die Jagd auf den Schwertfisch konstruierte Boote. Den ganzen Tag kreuzen sie vor der Küste auf und ab. Vom 20 m hohen Mast aus können die Fische gesichtet werden, vom über 20 m langen Bugaus-

Insider Tipp

leger werden sie mit einer Harpune erlegt. Das klingt grausam, gilt aber unter den Aspekten des Tier- und Artenschutzes, der Ökologie und Nachhaltigkeit unter Meeresbiologen als die einzig vertretbare Fangpraxis und wird u. a. von Slow Food Messina *(www.slowfoodmessina.it)* unterstützt. Schiffsausflüge organisiert die *Cooperativa Pesca Maria di Porto Salvo (Piazza Archimede | Bagnara Calabra | Tel. 09 66 37 28 02 | mportosalvo@supereva.it).*

RADFAHREN & MOUNTAINBIKING

Verkehrsarme Nebenstraßen im Rücken der Costa dei Cedri verleiten zu kürzeren und längeren Landpartien, zu abwechslungsreichen Tagesausflügen lockt das bäuerliche Hinterland von Tropea. Anspruchsvolle Mountainbikerouten gibt es im Aspromonte. In Tropea und Scalea finden sich mehrere Mountainbikeverleiher. Zahlreiche *agriturismi* und Ferienclubs stellen ihren Gästen Fahrräder zur Verfügung. Profi-MTBs und Tourentipps gibts bei *Altipiani (Via Roma 146 | Camigliatello Silano | Tel. 09 84 57 81 54 | www.inaltipiani.it)* in der Sila Grande.

RAFTING & KAJAKFAHREN

Der Lao im Norden Kalabriens ist eines der besten Wildwasserreviere Europas. Neben *Lao Action Raft (Via Lauro 10–12 | Tel./Fax 098 52 14 76 | | www.laoraft.it)* in Scalea veranstaltet auch der *Canoa Club Lao Pollino (Ortsteil Petroso | Laino Borgo | Tel. 098 18 56 73 | Fax 098 18 57 35 | www.laocanoa.it)* ganzjährig Rafting- und Kajaktouren.

REITEN

Viele *agriturismi* bieten ihren Gästen die Möglichkeit zum Reiten an, z. B. bei Morano Calabro *La Panoramica (3 km vom Ort | Ortsteil Mangioppo | Tel./Fax 098 13 10 43 | www.lapanoramicabb.it).* Christa Gretzmeier (spricht Deutsch) organisiert Reitausflüge in den Parco del Pollino. *Michele Curto (Val Calamo Trekking Club | Ortsteil Santa Zaccheria 31 a | Acri | Tel. 09 84 94 12 87 | www.valcalamo.it),* ein ausgebildeter Reitlehrer, veranstaltet mehrtägige Touren hoch zu Ross durch die Sila.

SEGELN

Vibo Valentia Marina besitzt den besten Yachthafen Kalabriens am Tyrrhenischen Meer. *Franco Ranieri (Pontile da Carmelo | Via Emilio 66 | Tel. 09 63 57 26 30 | Fax 09 63 57 55 39 | www.marinacarmelo.it)* verchartert hier Segelyachten. Ein absolut lohnendes Ziel sind die Liparischen Inseln.

Die Riserva Marina am Capo Rizzuto fasziniert über und unter Wasser mit einer artenreichen Tier- und Pflanzenwelt. Die *Segelschule Ostro (Via Duomo 13 | Tel./Fax 09 62 79 56 32 | www.ostro.it)* in Le Castella bietet Bootsausflüge an. Abenteuerlicher ist es, mit einer der 22 Fuß langen Segelyachten (bis sechs Personen, englischsprachiger Skipper) zu einem Dreistundentörn aufzubrechen *(28 Euro/Person).* Unvergesslich bleibt ein Tagestörn *(48 Euro/Person).*

SKI & SNOWBOARDING

Die Abfahrtspisten von *Gambarie* sind spektakulär: Hier können Sie mit Blick auf den Feuer spuckenden Ätna und die Meerenge von Messina wedeln. In der *Sila Grande* spurt die Forstverwaltung von Dezember bis Februar kilometerlange Loipen vorbei an den vereisten Seen. Infos und Ausrüstung: *Altipiani | Via Roma 101 | Camigliatello | Tel. 09 84 57 87 66 | www.inaltipiani.it*

Annunziata 2 | Tel. 09 65 75 45 85 | www.scilladiving.it) oder bei *Tropea (Torre Ruffa Diving | c/o Hotel Rocca Nettuno bzw. Porto di Tropea | Tel. 33 87 32 05 17 | www.torreruffa.com).*

WANDERN

Auch wenn die Markierung noch sehr lückenhaft ist, eignen sich die Natio-

Wer sich einer geführten Wanderung anschließt, kommt an Stellen, die man allein nie fände

TAUCHEN

Tauchschulen gibt es in vielen Küstenorten. Die Riserva Marina di Capo Rizzuto ist ein Unterwasserdorado. Bereits mit Schnorchel und Maske öffnet sich Ihnen eine farbige Unterwasserwelt. Eine Topadresse am Ionischen Meer ist das *Diving Center Punta Stilo (Via N. Sauro 10 | Stilo | Tel./Fax 09 64 77 53 07 | www.divingcenterpuntastilo.it).* Ideale Tauchgründe und gute Tauchschulen auf der tyrrhenischen Seite finden sich in *Scilla (Scilla Diving Center | Via*

nalparks Pollino, Sila und Aspromonte ideal zum Wandern. Lokale Initiativen und Ortsverbände des *Club Alpino Italiano (Via San Francesco da Paola 106 | Reggio | Tel./Fax 09 65 89 82 95 | www.caireggio.it)* bieten geführte Touren an. Infos auch auf *www.italien-aktiv.info*.

WINDSURFEN

Gute Reviere sind der *Golf von Squillace* und *Capo Vaticano*. Fortgeschrittene treffen sich am *Capo Vaticano* und in *Scilla*. *www.surfreport.it*

> KINDER KOMMEN IN KALABRIEN NICHT ZU KURZ

Bunte Riesenpuppen, mit der Bimmelbahn in die Berge, ein Outdoorpark mit Kletterparcours und dazu das leckerste *gelato*

> Gerade weil Kinder in (Süd-)Italien so selbstverständlich in den Alltag integriert werden, fehlt es manchmal an Angeboten, die speziell auf die Konsumentengruppe der Kids zugeschnitten sind.

Mit etwas Phantasie bietet die Region aber jede Menge Abenteuer, Spiel und Spaß: Paddeln und Ballspielen an langen Sandstränden, wilde Bergschluchten und fast ausgestorbene Handwerke wie Holzschnitzer oder Köhler. Kinderglück, das kann auch heißen, Orangen selbst vom Baum zu pflücken, Schwertfische zu bestaunen oder dem Pizzabäcker zuzuschauen, wie er den Teig hoch in die Luft wirft. Und in der *gelateria* lernen die Sprösslinge spielend ein paar Brocken Italienisch: *un cono con limone e fragola per me* – eine Tüte mit Zitrone und Erdbeer für mich!

Kalabrien ist auch Märchenland: Lassen Sie sich von den Geschichten Ihrer Kindheit neu verzaubern, wenn

MIT KINDERN UNTERWEGS

Sie an einem Küstenwachturm Seeräuberlatein spinnen oder am Ort des Geschehens, in Scilla, die homerische Story vom Schiffe verschlingenden Monster Skylla aus den „Klassischen Sagen des Altertums" vorlesen.

RIVIERA DEI CEDRI

NUOVO AQUA FANS [116 B4]

Nicht nur bei Kindern sehr beliebt ist dieser Wasservergnügungspark bei Praia a Mare. *Juni–Mitte Sept. tgl. 10–18.30 Uhr | je nach Saison und Wochentag 14–20 Euro, Kinder 10 bis 14 Euro, bis 105 cm frei, nach 16 Uhr reduzierter Eintritt | Ortsteil Fiuzzi | www.aquafans.it*

POLLINO & SIBARI

ACQUAPARK ODISSEA 2000 [119 D1]

Wasserspaßpark zwischen Rossano und Mirto mit Attraktionen wie Twister, Kamikaze und Gummibootachterbahn. *Mitte Juni–Mitte Sept. tgl. 9.30 bis 17.30 Uhr | Mo–Sa 15, So 20 Euro, Kinder 12 (15) Euro, bis 105 cm frei, Aug. teurer | Ortsteil Zolfara | Villaggio Nausicaa | www.odissea2000.it*

CENTRO STUDI NATURALISTICI DEL POLLINO IL NIBBIO [116 C4]

Das kindergerechte naturhistorische Museum steht direkt unterhalb des Kastells von Morano Calabro. Mit Liebe zum Detail gestaltete Schaukästen führen die Lebenswelten des Pollino vor Augen und Ohren. *Juni bis Sept. tgl. 9.30–13 und 16–20.30 Uhr, Okt.–Mai Di–So 10–13 und 15 bis 18 Uhr | 3 Euro, Kinder 2 Euro | Vico II. Annunziata 11 | www.ilnibbio.it*

INTERNATIONALE KINDERBIBLIOTHEK IN ALTOMONTE [116 C5]

In der *The Jane Gaspero Memorial Library for Children* im Palazzo del Comune können Kinder schmökern (Italienischkenntnisse nicht erforderlich), während die Eltern in Ruhe durch die Altstadt streifen. *Sept.–Juli Mo, Mi und Fr 10–12 und 16–19, Di, Do und Sa 16–19 Uhr | Via S. Biscardi 2/4 | Piazza San Francesco*

Kleiner Mann, große Jacke: In Italien lernen schon die *bambini, bella figura* zu machen

COSENZA & DIE SILA

ORME NEL PARCO – PARCO AVVENTURA [119 D4]

2008 hat in der Sila Piccola der erste Outdoorpark Kalabriens eröffnet, ein Umweltspaß für Groß und Klein. Auf dem 3 ha großen Waldgelände gibt es verschiedene Kletterparcours hoch in den Baumkronen, Picknickplätze und Leih-MTBs. *Mitte April–Okt., Mitte Juni–Mitte Sept. tgl., sonst Sa/So 9.30 bis 19 Uhr | Eintritt frei, Kletterparcours 13 Euro, Sa/So und Aug. 15 Euro, Kinder 8/10 Euro | Zagarise, Ortsteil Tirivolo | www.parcoavventuracalabria.it*

CATANZARO & CROTONE

AQUARIUM CAPO RIZZUTO [119 F5]

500 m vor dem Leuchtturm am Capo Rizzuto wurde das *Centro di Educazione all'Ambiente Marino* der Riserva Marina eingerichtet: Seeanemonen, Fische und sogar Seeigel zum Anfassen. *Tgl. 10–13 und 16–19 Uhr | 2,50 Euro, Kinder 2 Euro | Piazza del Santuario | www.riservamarinacaporizzuto.it*

PARCO DELLA BIODIVERSITÀ MEDITERRANEA [119 D5]

Catanzaro kann einen außergewöhnlichen Park vorweisen: das 13 ha große Freigelände des Istituto Tecnico Agrario im oberen Teil der Stadt bietet neben einem großartigen

Belvedere einen botanischen Garten, zahlreiche Spielplätze, Skatebahnen, ein Heckenlabyrinth und eine Reihe sehenswerter zeitgenössischer Skulpturen. Stärken kann man sich in der *Bar-Pizzeria Del Parco. Tgl. 7 bis 24 Uhr | Eintritt frei | Via Scuola Agraria*

TROPEA & COSTA VIOLA

GELATERIA ERCOLE IN PIZZO [121 D1]

In Pizzo sind die Seeigel *(ricci di mare)* aus *gelato*. Franco Di Iorgi macht mit seinen eiskalten Kreationen nicht nur Kinder glücklich. *Piazza della Repubblica 18*

Insider Tipp

MUSEO CIVICO DI ETNOGRAFIA E FOLCLORE IN PALMI [120 C3]

Im Sommer tanzen auf Volksfesten zwei Riesen aus bunt bemaltem Pappmaché. Die Prozessionsstatuen der tapferen, blonden Mata und des dunkelhäutigen, triefäugigen Sarazenen Grifone sind das ganze Jahr über im leicht angestaubten Volkskunde- und Folkloremuseum von Palmi zu bestaunen. *Mo–Fr 8.30–14, Do auch 15.15–18.15 Uhr | 1,50 Euro, Kinder bis 14 Jahre frei | Via San Giorgio*

REGGIO & ASPROMONTE

GELATERIA CESARE IN REGGIO [120 B5]

Versüßt den Museumsbesuch: Im bunten Kiosk an der Piazza Indipendenza gibt es das beste *gelato* beiderseits der Meerenge von Messina.

SORIANO CALABRO [121 D2]

Die Ruinen des 1783 eingestürzten Dominikanerkonvents überragen das Städtchen. Wenn Ihre Kinder nicht schon von den auch noch als Ruine imposanten Dimensionen beeindruckt sind, sollten Sie sie auf die *mostaccioli* vertrösten: Nicht nur Kinder lieben die phantasiereichen Fabeltiere aus Honiggebäck. Unbedingt probieren! Ein Tipp für die Eltern: vor dem Abbeißen in Süßwein tauchen.

Insider Tipp

Brunnen: MDCCC, Kind: MMVII

TRENINO DI GERACE [121 D4]

Ein quietschbunter Töff-töff-Zug karrt fußfaule Italiener, müde *bambini* und deren gestresste Eltern durch den stillen Bergort. *Abfahrt am Piazzale Santa Maria Egiziaca unterhalb der Altstadt | 2,50 Euro, keine Kinderermäßigung*

WINDSURF DELLO STRETTO [120 B5]

Toplocation am Lido Comunale Genoese Zerbi in Reggio: Auch Kinder ab fünf Jahren können hier von Profis das Surfen lernen. Die Ausrüstung wird gestellt. Ganzjähriger Betrieb! *Preise ab 50 Euro für einen dreistündigen Kurs | www.windsurfdellostretto.it*

> VON ANREISE BIS ZOLL

Urlaub von Anfang bis Ende: die wichtigsten Adressen und Informationen für Ihre Kalabrienreise

ANREISE

AUTO

Die Strecke München–Reggio di Calabria beträgt 1600 km. Die Autobahnen in Italien, Österreich und der Schweiz sind mautpflichtig. Im Sommer verkehren Autoreisezüge *(Tel. 01805/24 12 12 | www.autozug.de)* aus Deutschland nach Verona und Alessandria in Norditalien und von Wien nach Florenz und Rom *(www.oebb.at)*.

BAHN

Von München nach Tropea brauchen Sie etwa 19 Stunden, die Rückfahrkarte kostet inkl. Liegewagen ohne Ermäßigung ab 300 Euro. *www.bahn.de, www.oebb.at, www.sbb.ch*

FLUGZEUG

Charter- und Billigflieger aus den deutschsprachigen Ländern landen im Sommerhalbjahr in Lamezia Terme. Ganzjährig werden Lamezia Terme und Reggio di Calabria von der Alitalia mit Umsteigen in Mailand oder Rom angeflogen. Auch die Flughäfen von Catania auf Sizilien und von Neapel kommen für die Anreise in Betracht. Preise je nach Saison ab ca. 100 Euro.

AUSKUNFT

Der Umgang mit den offiziellen Fremdenverkehrsämtern Kalabriens erfordert Geduld! Die bereits 2003 gesetzlich in die Wege geleitete Um-

PRAKTISCHE HINWEISE

strukturierung der touristischen Infobüros scheint kein Ende zu finden. Die Büros der Azienda di Promozione Turistica (APT) wurden aufgelöst und sollen nach und nach durch sogenannte Sistemi Turistici Locali (STL) ersetzt werden. Vorerst bietet das Assessorato al Turismo der Region Kalabrien schüttere Infos online auf *www.turiscalabria.it.*

Auf dem Flughafen Lamezia Terme gibt es einen mehrsprachig besetzten Informationsschalter *(tgl. 7–23 Uhr | Tel. 09 68 41 94 28 | iatlamezia @virgilio.it),* der auch die Prospekte des Assessorato al Turismo verteilt. Adressen lokaler Touristenbüros finden Sie, soweit vorhanden, unter »Auskunft« in den Regionenkapiteln dieses Bandes.

STAATLICHES ITALIENISCHES FREMDENVERKEHRSAMT ENIT

– Neue Mainzer Str. 26 | 60311 Frankfurt | Tel. 069/23 74 34 | Fax 23 28 94
– Kärntner Ring 4 | 1010 Wien | Tel. 01/505 16 39 | Fax 505 02 48
– Uraniastr. 32 | 8001 Zürich | Tel. 043/466 40 40 | Fax 466 40 41
– www.enit-italia.de

AUTO

Geschwindigkeitsbegrenzungen: auf Autobahnen 130, auf dreispurigen Abschnitten 150 km/h, bei Regen 110 km/h, auf Schnellstraßen 110 km/h, auf Landstraßen 90 km/h, in Ortschaften 50 km/h. Außerhalb geschlossener Ortschaften muss auch tagsüber mit Abblendlicht gefahren werden! Die Promillegrenze liegt bei 0,5. Beim Verlassen des Wagens außerhalb geschlossener Ortschaften ist das Tragen einer Warnweste Pflicht, und während der Fahrt ist das Telefonieren mit dem Handy verboten. Alle nach hinten über das Fahrzeug hinausragenden Ladungen (Surfbretter, Fahrräder etc.) müssen mit einer 50 × 50 cm großen, rot-weiß gestreiften Warntafel gekennzeichnet sein.

Autostrade sind bis Salerno gebührenpflichtig, südlich von Salerno verläuft die A 3 Autostrada del Sole

WAS KOSTET WIE VIEL?

ESPRESSO	60–80 CENT/TASSE in der Stehbar
EIS	AB 1,50 EURO für eine große Kugel
WEIN	2–3 EURO für eine Karaffe (0,5 l)
SNACK	2–3 EURO für ein belegtes *panino*
BENZIN	UM 1,30 EURO für 1 l Super bleifrei
STRAND	10–20 EURO/TAG für einen Sonnenschirm und zwei Liegen

(noch) gebührenfrei bis Reggio di Calabria. Mit Kreditkarten können Sie an den Mautstellen bargeldlos bezahlen.

Tankstellen sind werktags meist von 7.30 bis 12.30 und von 15 bis 19 Uhr geöffnet, sonntags nur an Autobahnen und vereinzelt an Ausfallstraßen. An SB-Tankstellen können Sie mit 5-, 10- und 20-Euro-Scheinen oder Kreditkarte rund um die Uhr tanken.

Gelbe und schwarz-gelbe Bordsteine markieren Parkverbot, blaue Bordsteinkanten gebührenpflichtige Parkplätze. Bezahlt wird an Automaten oder mit Rubbelparkscheinen, die Sie in Bars, Kiosken oder Tabakgeschäften erhalten.

CAMPING

Zahlreiche Campingplätze säumen die Küsten, ihre Saison ist jedoch meist kurz und dauert oft nur von Juli bis Mitte September. Infos beim italienischen Campingverband, der auf seiner Website *(www.camping.it)* ausgewählte Plätze auflistet – auch auf Deutsch –, oder durch im Buchhandel erhältliche Campingführer. Wildes Campen ist verboten; mancher Bauer hat aber bei freundlichem Nachfragen keine Einwände.

DIPLOMATISCHE VERTRETUNGEN

DEUTSCHES GENERALKONSULAT

Via Crispi 69 | Neapel | Tel. 08 12 48 85 11 | Fax 08 17 61 46 87 | www.neapel.diplo.de

ÖSTERREICHISCHES GENERALKONSULAT

Viale Liegi 32 | Rom | Tel. 068 41 82 12 | www.austria.it

SCHWEIZERISCHES GENERALKONSULAT

Via Tenente Panella 4 | Reggio di Calabria | Tel./Fax 09 65 32 37 42 | www.eda.admin.ch

EINREISE

Für Deutsche, Schweizer und Österreicher genügt der Personalausweis. Für Kinder wird ein Kinderausweis oder die Eintragung im Pass eines Elternteils verlangt.

EINTRITTSPREISE

In den archäologischen Nationalmuseen 4 Euro, in anderen Museen, Burgen und archäologischen Zonen meist 3–6 Euro. In staatlichen Museen genießen EU-Bürger unter 18 und ab 65 Jahren freien Eintritt.

GELD & KREDITKARTEN

Geldautomaten *(bancomat)* sind weit verbreitet. Die gängigen Kreditkarten werden in vielen Hotels, Restaurants, Geschäften und Tankstellen akzeptiert.

GESUNDHEIT

Versicherte aus EU-Ländern benötigen von ihrer Krankenkasse die Europäische Krankenversicherungskarte EHIC, damit die Kostenübernahme gewährleistet ist. Anderenfalls müssen Sie Arzt und Apotheke zunächst bar bezahlen und die Belege Ihrer Kasse zur (meist problemlosen) Erstattung einreichen. Apotheken *(farmacia)* sind meist Mo bis Fr von 9 bis 13 und von 16 bis 20 Uhr geöffnet, Notdienste sind angeschlagen.

INTERNET

Fast alle offiziellen Einrichtungen Kalabriens sind mit einer eigenen, nicht immer aktuellen Website im Internet vertreten. Ein umfassendes Kalabrienportal mit unzähligen praktischen Tipps ist *www.quicalabria.it* (italienisch). Die Website *www.silagreca.de* begleitet ein engagiertes Buch, u. a. mit 76 Wandervorschlägen. Links und Hintergrundinfos auf *www.italien-aktiv.info* (deutsch). Museen und archäologische Stätten Italiens (italienisch und englisch): *www.museionline.it*. Die italienischen Nationalparks im Netz (italienisch und englisch): *www.parks.it*. Infos zum Wetter mit Newsletter: *www.tempoitalia.it* (italienisch). Briganten und Banditen in Süditalien (gut gegen Vorurteile): *www.brigantaggio.net*. Aktuelle Kulturinfos, gegenwartsbezogene Tipps für Studium und Urlaub, tolle Links: *www.italienwelten.de*. Eine tagesaktuelle Internetzeitung: *www.giornaledicalabria.it*

INTERNETCAFÉS & WLAN

Seit 2005 erschwert ein italienisches Antiterrorgesetz den freien Zugang ins Internet; Benutzer von WLAN-Zugängen und Internetcafés müssen einen Lichtbildausweis vorlegen. Auch wenn Kalabrien in puncto Internet anderen italienischen Regionen immer noch hinterherhinkt, haben doch etliche Hotels und B & Bs für ihre Gäste *Wi-Fi*-Zonen – so der italienische Begriff – eingerichtet. Eine Übersicht über italienische Netcafés bieten die Websites *http://cafe.ecs.net* und *www.cybercafe.it*. Den nächsten *Wi-Fi*-Hotspot verraten *www.wi-fihotspotlist.com*, *www.hotspot-locations.de* oder *http://v4.jiwire.com/browse-hotspot-all-italy-it-calabria--1003034.htm*. Ein Modellprojekt ist die *Wi-Fi*-Zone an der Strandpromenade von Reggio di Calabria *(Registrierung im Ufficio Comunale Villa Genoese Zerbi | Via Zaleuco 16 | Tel. 09 65 33 19 59 bzw. beim Settore Cultura, Immagine e Turismo | Via Fata Morgana 13 | Tel. 09 65 36 20 72): www.reggiowireless.com*

KLIMA & REISEZEIT

Hochsaison ist von Juli bis Mitte September, in den beiden zentralen Augustwochen überschreiten die Zimmerpreise am Meer manchmal die Schmerzgrenze. Schon ab Mai und oft bis in den frühen November herrschen angenehme Badetemperaturen. Kenner, die auch wandern oder die Städte im Landesinneren besuchen wollen, ziehen das Frühjahr oder den Herbst vor – allerdings ist bis Ostern Schnee in den Hochgebirgen keine Seltenheit. Der Winter mag an der milden Küste seine Reize haben, aber durch die starke saisonale Emigration wirken viele Orte dann etwas trostlos. Zahlreiche der in diesem Band empfohlenen Hotels – vor allem an den Küsten – öffnen nur zur Badesaison von Juni bis September oder sind zumindest ab Oktober oder November bis Ostern geschlossen. In geringerem Maß gilt das auch für Restaurants. Manche Lokale, in denen überwiegend Einheimische verkehren, sind in der Zeit der italienischen Sommerferien in den Wochen um den 15. August geschlossen.

MIETWAGEN

Die international bekannten Mietwagenagenturen sind an den Flughäfen Lamezia Terme und Reggio di Calabria vertreten. In Tropea und in den

Provinzhauptstädten ist es möglich, auch kurzfristig einen Leihwagen zu mieten. Am besten lassen Sie die Reservierung durch Ihr Hotel vornehmen. Preisgünstiger ist es jedoch häufig, sich vor der Reise zu Hause bei einer der großen Leihwagenfirmen oder über Internet um eine Reservierung zu bemühen.

NOTRUFE

Vom Handy und jedem Telefonapparat im Land kostenlos:

– Polizei und Rettungsdienst *Tel. 112*
– Feuerwehr *(vigili del fuoco) Tel. 115*
– Automobile Club Italiano (Pannenhilfe) *Tel. 80 31 16, vom Handy 800 11 68 00*

ÖFFENTLICHE VERKEHRSMITTEL

Bahnfahren ist in Italien immer noch eine billige Fortbewegungsart. Im Internet können Sie unter *www.ferroviedellostato.it* nach den besten Verbindungen suchen (auch auf Englisch). Das kalabrische Eisenbahnnetz ist aber nur an der Küste gut ausgebaut. Fast jeder Ort auch im Landesinneren Kalabriens lässt sich per Bus erreichen. Problem dieser an sich kostengünstigen Fortbewegungsart: Die Fahrpläne sind nicht aufeinander abgestimmt.

Fahrkarten und Auskunft oft in Tabakgeschäften; gute Internetportale sind *www.italybus.it* und *www.orariautobus.it.* Wenn man das Landesinnere kennenlernen und nicht einen reinen Strandurlaub verbringen möchte, erlaubt ein eigenes Auto bzw. ein Mietwagen einen viel größeren Bewegungsspielraum.

ÖFFNUNGSZEITEN

Wenn nicht anders angegeben, können Kirchen meist von 8.30 bis 12 und von 16 bis 19.30 besucht werden.

WETTER IN CROTONE

	Jan.	Feb.	März	April	Mai	Juni	Juli	Aug.	Sept.	Okt.	Nov.	Dez.
Tagestemperaturen in °C	14	15	17	19	23	28	31	31	28	23	19	16
Nachttemperaturen in °C	8	8	9	12	15	19	22	23	20	16	13	9
Sonnenschein Std./Tag	4	5	6	7	8	10	11	10	8	7	6	4
Niederschlag Tage/Monat	9	5	6	4	3	2	1	1	3	7	7	8
Wassertemperaturen in °C	15	14	14	15	17	21	24	25	24	22	19	16

PRAKTISCHE HINWEISE

Archäologische Ausgrabungen öffnen in der Regel von 9 Uhr bis 1 Stunde vor Sonnenuntergang.

POST

Postämter sind in Italien im Allgemeinen nur vormittags geöffnet. Das Porto für einen Standardbrief oder eine Postkarte beträgt in EU-Länder und die Schweiz 65 Cent (blaue Briefkästen, *posta prioritaria*). Briefmarken *(francobolli)* erhält man auch in Bars oder Tabakgeschäften *(tabacchi)*, die mit einem großen T gekennzeichnet sind.

TELEFON & HANDY

Vorwahl nach Deutschland *0049*, nach Österreich *0043*, in die Schweiz *0041*, nach Italien *0039*. Innerhalb Italiens und auch bei Gesprächen aus dem Ausland nach Italien muss die gesamte Nummer einschließlich der Null mitgewählt werden – die ehemalige Ortsvorwahl ist in Italien fester Bestandteil der Telefonnummern.

Münztelefone sind selten, üblich sind Telefonzellen bzw. -säulen, die mit Telefonkarten *(schede telefoniche)* funktionieren, erhältlich in Bars, Tabakläden und Postämtern. Vor Benutzung die perforierte Ecke abreißen! Über *Tel. 172 00 49* können Sie ein R-Gespräch herstellen lassen oder mit Kreditkarte bezahlen (Anweisungen in deutscher Sprache).

Das italienische Mobilfunknetz ist nach GSM- und UMTS-Standard aufgebaut. Das eigene Handy *(telefonino* bzw. *cellulare)* wählt sich problemlos ein. Während die überhöhten Roaminggebühren gesenkt wurden, bleibt die Mailbox im Ausland eine Kostenfalle. Am besten schalten Sie sie – und zwar noch im Heimatland! – aus. Das Schreiben einer SMS ist immer billiger als zu telefonieren. In Handys ohne SIM-Lock können italienische Prepaidkarten verwendet werden – Sie sind dann allerdings nur unter dieser italienischen Nummer zu erreichen. Mehr Infos: *www.tariftip.de*.

TRINKGELD

Beim Gehen sollten Sie, wenn Sie zufrieden waren, ca. fünf bis zehn Prozent Trinkgeld auf dem Tisch liegen lassen. Auch an der Bar im Stehen muss eine *mancia* sein – schließlich rechnen die schlecht entlohnten Espressokünstler mit dem kleinen Zusatzverdienst. In Kalabrien ist es üblich, eine Rechnung für den ganzen Tisch auszustellen – aufteilen müssen Sie unter sich.

ZEITUNGEN

Kalabriens regionale Tageszeitungen sind die Gazzetta del Sud *(www.gazzettadelsud.it)* und Il Quotidiano *(www.ilquotidianocalabria.it)* mit aktuellen Veranstaltungshinweisen und Fahrplänen. Deutschsprachige Zeitungen und Magazine sind in den Sommermonaten in den Touristenzentren erhältlich.

ZOLL

Waren für den persönlichen Bedarf können innerhalb der EU zollfrei ein- und ausgeführt werden. Richtwerte hierfür sind z. B. 800 Zigaretten, 90 l Wein und 10 l Spirituosen. Für die Schweiz gelten erheblich geringere Freimengen, u. a. 200 Zigaretten, 2 l Wein und 1 l Spirituosen.

> PARLI ITALIANO?

„Sprichst du Italienisch?" Dieser Sprachführer hilft Ihnen, die wichtigsten Wörter und Sätze auf Italienisch zu sagen

Aussprache

c, cc	vor „e, i" wie deutsches „tsch" in deutsch, Bsp.: dieci, sonst wie „k"
ch, cch	wie deutsches „k", Bsp.: pa**cchi**, **che**
ci, ce	wie deutsches „tsch", Bsp.: **ci**ao, **ci**occolata
g, gg	vor „e, i" wie deutsches „dsch" in Dschungel, Bsp.: **g**ente
gl	ungefähr wie in „Familie", Bsp.: fi**gl**io
gn	wie in „Kognak", Bsp.: ba**gn**o
sc	vor „e, i" wie deutsches „sch", Bsp.: u**sc**ita
sch	wie in „Skala", Bsp.: **Isch**ia
sci	vor „a, o, u" wie deutsches „sch", Bsp.: la**sci**are
z	immer stimmhaft wie „ds"

Ein Akzent steht im Italienischen nur, wenn die letzte Silbe betont wird. In den übrigen Fällen haben wir die Betonung durch einen Punkt unter dem betonten Vokal angegeben.

AUF EINEN BLICK

Ja./Nein./Vielleicht.	Sì./No./Fọrse.
Bitte./Danke./Vielen Dank!	Per favọre./Grạzie./Tạnte grạzie.
Gern geschehen.	Prẹgo!/Non c'è di che!
Entschuldigen Sie!	Scụsi!
Wie bitte?	Cọme dịce?/Prẹgo?/Cọme, scụsi?
Guten Morgen/Tag!	Buon giọrno!
Guten Abend!/Nacht!	Buọna sẹra!/Buọna nọtte!
Hallo!/Grüß dich!	Cịao!
Ich verstehe Sie/dich nicht.	Non La/ti capịsco.
Ich spreche nur wenig Italienisch.	Pạrlo sọlo un po' di italịano.
Können Sie mir bitte helfen?	Mi può aiutạre, per favọre?
Wie geht es Ihnen/dir?	Cọme sta/stại?
Wie heißen Sie?/Wie heißt du?	Cọme si chịama?/Cọme ti chịami?
Ich heiße …	Mi chịamo …
Ich komme aus …	Sọno …
… Deutschland.	… dẹlla Germạnia.
… Österreich.	… dell' Austria.
… der Schweiz.	… dẹlla Svịzzera.
Auf Wiedersehen!/Tschüss!	Arrivedẹrci!/Cịao!
Bis bald!/Bis morgen!	A prẹsto!/A domạni!
Hilfe!	Aịuto!
Rufen Sie bitte schnell …	Chịami sụbito …

… einen Krankenwagen.	… un'autoambulạnza.
… die Polizei.	… la polizịa.

UNTERWEGS

Bitte, wo ist …	Scụsi, dov'è …
… der Bahnhof?	… la staziọne?
… der Flughafen?	… l'aeropọrto?
… die Haltestelle?	… la fermạta?
… der Taxistand?	… il postẹggio di tassì?
Zum … Hotel.	All'albẹrgo …
Bus/Fähre/Zug	l'autobụs/il traghẹtto/il trẹno
Bitte, einen Fahrschein nach …	Un bigliẹtto per …, per favọre.
Entschuldigung, wie komme ich nach …?	Scụsi, per andạre a …?
Immer geradeaus bis …	Sẹmpre dirịtto fịno a …
Dann links/rechts abbiegen.	Poi svọlti a sinịstra/dẹstra.
nah/weit	vicịno/lontạno
Überqueren Sie …	Attravẹrsi …
… die Brücke.	… il pọnte.
… den Platz.	… la piạzza.
… die Straße.	… la strạda.
Ich möchte … mieten.	Vorrẹi noleggiạre …
… ein Auto …	… ụna mạcchina.
… ein Fahrrad …	… ụna biciclẹtta.
… ein Boot …	… ụna bạrca.
offen/geschlossen	apẹrto/chiụso
drücken/ziehen	spịngere/tirạre
Eingang/Ausgang	ingrẹsso/uscịta
Wo sind bitte die Toiletten?	Dov'è il bạgno, per favore?
Damen/Herren	signọre/signọri

SEHENSWERTES

Wann ist das Museum geöffnet?	Quạndo è apẹrto il musẹo?
Wann beginnt die Führung?	Quạndo comịncia la vịsita con la guịda?
Altstadt	il cẹntro stọrico
Ausstellung	la mọstra/l'esposiziọne
Denkmal	il monumẹnto
Friedhof	il cimitẹro
Galerie	la gallerịa (d'ạrte)

Gottesdienst	la mẹssa/la funziọne sạcra
Kirche	la chiẹsa
Rathaus	il municịpio
Schloss/Burg	il castẹllo
Stadtplan	la piạnta dẹlla città
Stadtrundfahrt	il gịro dẹlla città
Theater	il teạtro
Turm	la tọrre

DATUMS- & ZEITANGABEN

Montag	lunedì
Dienstag	martedì
Mittwoch	mercoledì
Donnerstag	giovedì
Freitag	venerdì
Samstag	sạbato
Sonntag	domẹnica
heute/morgen/gestern	ọggi/domạni/iẹri
täglich	tụtti i giọrni, giornaliẹro
Wie viel Uhr ist es?	Che ọre sọno?
Es ist 3 Uhr.	Sọno le tre.
Es ist halb 4.	Sọno le tre e mẹzza.
Es ist Viertel vor 4.	Sọno le quạttro mẹno un quạrto.
Es ist Viertel nach 4.	Sọno le quạttro e un quạrto.

ESSEN & TRINKEN

Die Speisekarte, bitte.	Il menù, per favọre.
Ich nehme …	Prendo …
Bitte ein Glas …	Per favọre un bicchiẹre di …
Besteck	le posạte
Messer/Gabel/Löffel	il coltẹllo/la forchẹtta/il cucchiạio
Vorspeise/Hauptspeise	l'antipạsto/il secọndo
Nachspeise	il dessẹrt, il dọlce
Salz/Pfeffer/Zucker	il sạle/il pẹpe/lo zụcchero
scharf/salzig	piccante/salạto
Ich bin Vegetarier/in.	Sọno vegetariạno/a.
Hat es geschmeckt?	Era di Sụo gradimẹnto?
Das Essen war ausgezeichnet.	(Il mangiạre) ẹra eccellẹnte.
Trinkgeld	la mạncia
Die Rechnung, bitte.	Il cọnto, per favọre.

EINKAUFEN

Wo finde ich …?	Dọve pọsso può trovạre …?
Apotheke	ụna farmacịa

SPRACHFÜHRER

Bäckerei	un panifịcio
Kaufhaus	un grạnde magazzịno
Lebensmittelgeschäft	un negọzio di gẹneri alimentạri
Markt	un mercạto
Supermarkt	un supermercạto
Zeitungshändler	un giornalạio
Gibt es …?/Haben Sie …?	C’è …?/Ha …?
Ich möchte …	Vorrẹi …
Eine Einkaufstüte, bitte.	Una bụsta, per favọre.
Das gefällt mir (nicht).	(Non) mi piạce.
Wie viel kostet es?	Quạnto cọsta?
Nehmen Sie Kreditkarten?	Accẹtta cạrte di crẹdito?

ÜBERNACHTEN

Ich habe ein Zimmer reserviert.	Ho prenotạto ụna cạmera.
Haben Sie noch …	È lịbera …/Avẹte ancọra …
… ein Einzelzimmer?	… ụna sịngola?
… ein Doppelzimmer?	… ụna dọppia?
mit Dusche/Bad	con dọccia/bạgno
Was kostet das Zimmer mit Frühstück?	Quạnto cọsta la cạmera con la prịma colaziọne?

PRAKTISCHE INFORMATIONEN

Können Sie mir einen Arzt empfehlen?	Mi può consigliạre un mẹdico?
Ich habe Zahnschmerzen.	Ho mal di dẹnti.
Ich habe hier Schmerzen.	Ho dẹi dolọri qui.
Ich habe Fieber.	Ho la fẹbbre.
Eine Briefmarke, bitte.	Un francobọllo, per favọre.
Postkarte	ụna cartolịna
Wo ist bitte eine Bank?	Scụsi, dọve pọsso trovạre ụna bạnca?
Geldautomat	il bancomạt

ZAHLEN

1	ụno	11	ụndici
2	dụe	12	dọdici
3	tre	20	vẹnti
4	quạttro	21	ventụno
5	cịnque	50	cinquạnta
6	sẹi	100	cẹnto
7	sẹtte	200	duecẹnto
8	ọtto	1000	mịlle
9	nọve	1/2	un mẹzzo
10	dịeci	1/4	un quạrto

Küstenwachturm in San Nicola Arcella an der Riviera dei Cedri

> UNTERWEGS IN KALABRIEN

Die Seiteneinteilung für den Reiseatlas finden Sie auf dem hinteren Umschlag dieses Reiseführers

REISE ATLAS

Sala Consilina
Padula
Certosa S. Lorenzo
Buonabitácolo
Parco Naz. del Cilento e Vallo di Diano
Sanza
Campania
Caselle in Pittari
Torraca
Sapri
Policastro Bussentino
Golfo di Policastro
Santa Venere
Maratea
Trecchina
Monte Coccovello
1505
Lagonegro
Rivello
Lagonegro Nord-Maratea
Lag. Sud
Monte del Papa
2005
Monte Sirino
Lauria Nord
Lauria
Lauria Sud
Galdo
Monte Serramale
1274
Tórtora
Aieta
Monte Ciagola
1462
Praia a Mare
Isola di Dino
San Nicola Arcella
Capo Scalea
Scalea
Santa Domenica Talao
Papasidero
Orsomarso
Verbicáro
Santa Maria del Cedro
Grisolia
Cirella
Cirella Vecchia
Maierà
Isola di Cirella
Diamante
Marina di Belvedere
Belvedere Marittimo
Sanginetto Lido
Cittadella del Capo
Cetraro
Terme Luigiane
Guardia Piemontese
Fuscaldo
Riviera dei Cedri
Mare Tirreno
Volturino
Monte Sant'Enoc
1476
Viggiano
Tramutola
Grumento Nova
Sella Cessuta
(1040)
Montesano sulla Marcellana
Casalbuono
Moliterno
Lago di Pietra del Pertusillo
Spinoso
Montemurro
Gallicchio
Corleto Perticara
Guardia
Basilicata
Monte Raparo
1761
San Chirico Raparo
Castelsaraceno
Latronico
Episcopia
Sinni
Castelluccio Inferiore
Laino Borgo
Láino Borgo
Grotta del Romito
Viggianello
Rotonda
Mormanno
Mormanno-Scalea
Campo Tenese
Monte Pollino
Monte Palanuda
1632
Morano Calabro
Monte Caramolo
1827
Saracena
Lungro
la Mula
1935
San Donato di Ninea
Altomonte
Pollino
Artemisa
Montea
1785
Passo d. Scalone
(740)
San Sosti
(355)
Esaro
Sant'Agata di Esaro
Malvito
Fagnano Castello
Catena
Cerzeto
Rota Greca
Serra Pantanolata
1404
1037
Argentino
Lao
10 km

118

Stigliano
D
E
F
1
2
3
4
5
6
Salandrella
Craco
Pisticci
Bernalda
Lido di Metaponto
Metaponto
Basento
Cavone
Sauro
Montalbano Jonico
Lago di Gannano
Tursi
Agri
Lido di Scanzano
Scanzano Jonico
Eraclea
Policoro
Lido di Policoro
Sinni
858
Monte Sant'Arcangelo
Lago di Cotugno
Colobraro
Valsinni
Rotondella
Senise
San Giorgio Lucano
890
Rocca Imperiale
Nova Siri Stazione
Noepoli
Grotta di Ciomma
Canna
Rocca Imperiale Marina
713
Oriolo
Montegiordano
Montegiordano Marina
Castroregio
Capo Spulico
Terranova di Pollino
1108
Alessandria del Carretto
Amendolara
Albidona
Marina di Amendolara
Mare Ionio
1713
Serra Dolcedome
Plataci
San Lorenzo Bellizzi
Cerchiara di Calabria
Grotta delle Ninfe
Frascineto
Frascineto-Castrovillari
Trebisacce
Villapiana
Civita
Villapiana Lido
Golfo di Taranto
Cassano allo Jònio
Sibari
Doria
Sybaris-Copia
Spezzano Albanese
Crati
Cantinella
Marina Schiavonea
Spezzano Terme
Terranova da Sibari
Tarsia
366
Corigliano Calabro
Lido Sant'Angelo
Capo Trionto
Mirto Crosia
Lago di Tarsia
San Giórgio Albanese
Rossano
(297)
Crosia
Bisignano
San Demetrio Corone
1124
Santa Maria del Patire
10%
Città di Castiglio
Cosenza
Cropalati
(350)
Acri
Sila Greca
Monte Paleparto
1481
Trionto
Mandatoriccio
Mucone
Luzzi
Abbadia della Sambucina
Longobucco
(784)
M. Basilicò
7%
Rose-Montalto
(1187)
Sila
(1250)
Lago di
Campana
A3
E90
E844
103
176
407
598
653
92
481
106
105
19
534
106r
177
383
660
279
282

119

116
121
A
B
C
1
2
3
4
5
6
Catena Costiera
Cosenza
Sila
Catan
Cetraro
Terme Luigiane
Guardia Piemontese
Fuscaldo
Páola
San Lucido
Fiumefreddo Bruzio
Amantea
Campora San Giovanni
Nocera Terinese
Falerna Marina
Lamezia Terme
Capo Suvero
S. Eufemia
Santa Eufemia Lamezia
Golfo di Santa Eufemia
Costa degli Dei
Pizzo
Pizzo Calabro
Vibo Marina
Briatico
Tropea
Zungri
Vibo Valéntia
Hipponion
S. Onofrio-Vibo Val.
Maierato
San Nicola da Crissa
Sant'Agata di Esaro
Malvito
Fagnano Castello
Roggiano Gravina
San Marco Argentano
Cerzeto
Rota Greca
Torano
Serra Pantanolata
Cozzo Cervello
Montalto Uffugo
Rose-Montalto
Spezzano Terme
Tarsia
Társia
Lago di Társia
Bisignano
Terranova da Sibari
San Giórgio Albanese
San Demetrio Corone
Santa Maria del Patire
Acri
Luzzi
Crati
Mucone
Abbadia della Sambucina
Lago di Cecita o Mucone
Serra la Guardia
Camigliatello
Cosenza N.
San Fili
Renede
Spezzano della Sila
Celico
Neto
Parco
Pedace
Monte Botte Donato
Aprigliano
Carolei
Monte Cocuzzo
Busento
Figline
Vegliaturo
Colle d' Ascione
Lago Arvo
Rogliano-Grimaldi
Rogliano
M. Serratore
Lago
Bocca di Piazza
Grimaldi
Scigliano
Coraci
Aiello Calabro
Altilia
Soveria Mannelli
Villaggio Mancuso
Savuto
Martirano
S. Mango d'Aquino
Monte Mancuso
Pso. di Acquabona
Falerna
Gizzeria
Platania
Feroleto Antico
M. Portella
Tiriolo
Caraffa di Catanzaro
Maida
Cortale
Girifalco
Borgia
Francavilla Angitola
Curinga
Filadelfia
Squillace
Gasperina
Polia
San Vito sullo Ionio
Petrizzi
Chiaravalle Centrale
Ancinale
Davoli
Cardinale
Alaca
A3
E45
E848

D
E
F
117
1
2
3
4
5
6
Lido Sant'Angelo
Capo Trionto
Mirto Crosia
Rossano
(297)
Crosia
Città di Castiglio
Cropalati
Cariati
Punta Fiume Nicà
Mandatoriccio
Terravecchia
Crucoli Torretta
Longobucco
(784)
M. Basilicò
1013
Bocchigliero
Campana
Crucoli
Punta Alice
Monte Lelo
Cirò
Cirò Marina
1708
Monte Pettinascura
(1001)
Ponte dei Pesci
Savelli
Germano
Verzino
Carfizzi
Melissa
Torre Melissa
Serra Paluri
645
San Nicola dell'Alto
Strongoli
Petelia
404
in Fiore
Cerenzia
Acerentia
Casabona
Lago Ampollino
Belvedere di Spinello
Crotone
Rocca di Neto
Neto
Santa Severina
Cotronei
E90
Gariglione
1765
Sila
Tirivolo
Petilia Policastro
(890)
Mesoraca
San Mauro Marchesato
Crotone
Capo Colonna
Cutro
Petronà
Sersale
Sálica
Tempio di Hera Lacinia
Pentone
Zagarise
Tacina
Cropani
Capo Cimiti
Soveria Simeri
Isola di Capo Rizzuto
Siano
Sellia Marina
Botricello
Catanzaro
Cropani Marina
le Castella
Capo Rizzuto
la Petrizia
Riserva Naturale Marina di Capo Rizzuto
Capo Rizzuto
Alli
Golfo di Squillace
Catanzaro Marina
Roccelletta di Borgia/Scolacium
Lido di Squillace
Staletti
10 km
177
383
106
282
108ter
492
179
107b
107
109
106
180
59
77
56
53
67

A
B
C
1
2
3
4
5
6
Mare Tirreno
Salerno
Stromboli
Lipari, Vulcano
Santa
Costa degli Dei
522
Tropea
Ricadi
Capo Vaticano
Spilinga
M. Poro
710
Rombiolo
Coccorino
Joppolo
Golfo di Gioia
Nicotera Marina
Nicotera
Rosarno
San Ferdinando
Eranova
18
Gioia Tauro
Rosarno
Gioia Tauro
Polís
60
Lido di Palmi
Palmi
Palmi
Taurian
Costa Viola
Seminara
S. Elia
Bagnara Calabra
Bagnara Cal.
2b.
1d.
A3
Sinopoli
Cosoleto
Delianuova
Scilla
Scilla
Villa S. Giovanni
Villa S. Giovanni
Campo Calabro
Calanna
Aspromonte
Gambarie
Montalto
1955
Gallico
7
Santo Stefano in Aspromonte
3
Parco Naz. dell' Aspromonte
Calopinace
Sant'Agata
Cardeto
Punta d' Atò
1379
Roghudi
M. Lesti o Grosso
1307
San Gregorio
1051
M. Embrisi
Roccaforte del Greco
Motta San Giovanni
Bagaladi
Gallicianò
Amendolea
Bova
Péllaro
E90
Bocale
Lazzaro
Montebello Ionico
Pentedáttilo
Mélito
106
Melito di Porto Salvo
Marina di San Lorenzo
Bova Marina
Palizzi
RÉGGIO DI CALABRIA
Stretto di Messina
Golfo di Milazzo
Spartà
S. Saba
Torre Faro
Castanea delle Furie
609
Sant'Agata
Villafranca T.
Villafranca Tirrena
113d.
E90
Rometta
Spadafora
Divieto
Saponara
Messina Centro
Rometta
1127
MESSINA
Monforte San Giorgio
Mess.Sud-Tremestieri
Galati Marina
Sicilia
Monte Poverello
Itala
Alì
A18
Scaletta Zanclea
E45
Alì Terme
Roccalumera
Roccalumera
114
Santa Teresa di Riva
Valletta (Malta)

Golfo di
Eufemia
Catanzaro
Maida
Cortale
Catanzaro Marina
Roccelletta di Borgia/ Scolacium
Francavilla Angitola
Curinga
Filadelfia
Girifalco
Borgia
Pizzo Calabro
Pizzo
Squillace
Lido di Squillace
Punta di Staletti
Gasperina
Vibo Marina
Polia
San Vito sullo Ionio
Vibo Valéntia
Maierato
S. Onofrio-Vibo Val.
Chiaravalle Centrale
Petrizzi
Soverato
Hipponion
San Nicola da Crissa
Ancinale
Marina di Davoli
Davoli
Alaca
Cardinale
Lago d. Lacina
Soriano Calabro
Serre
Mileto
Sant'Angelo
Simbario
Sant'Andrea Apostolo dello Ionio
Mesima
Arena
Serra San Bruno
M. San Nicola
Badolato
Badolato Marina
Dasà
Monte Pecoraro
Santa Caterina dello Ionio
Santa Caterina dello Ionio-Marina
Dinami
Mongiana
Ferdinandea
Laureana di Borrello
M. Crocco
Fabrizia
Bivongi
Stilo
Assi
Caulónia
Pazzano
Monte Seduto
Allaro
Monasterace
Riace
Punta Stilo
Monasterace Marina
Cinquefrondi
Amusa
Riace Marina
Mammola
Grotteria
Caulonia
Cittanova
Gioiosa Jonica
Torbido
Roccella Ionica
Mamertina
Novito
Marina di Gioiosa Ionica
Cimina
Gerace
Siderno
Platì
Locri
Careri
Ardore
Locri Epizefiri
San Luca
Bovalino Marina
Caraffa
Bianco
Samo
Sant'Anna
Verde
Mare Ionio
Brancaleone Marina
Capo Spartivento
Costa dei Gelsomini
10 km

KARTENLEGENDE

18 26	Autobahn mit Anschlussstellen Motorway with junctions
	Autobahn in Bau Motorway under construction
	Mautstelle Toll station
	Raststätte mit Übernachtung Roadside restaurant and hotel
	Raststätte Roadside restaurant
	Tankstelle Filling-station
	Autobahnähnliche Schnellstraße mit Anschlussstelle Dual carriage-way with motorway characteristics with junction
	Fernverkehrsstraße Trunk road
	Durchgangsstraße Thoroughfare
	Wichtige Hauptstraße Important main road
	Hauptstraße Main road
	Nebenstraße Secondary road
	Eisenbahn Railway
	Autozug-Terminal Car-loading terminal
	Zahnradbahn Mountain railway
	Kabinenschwebebahn Aerial cableway
	Eisenbahnfähre Railway ferry
	Autofähre Car ferry
	Schifffahrtslinie Shipping route
	Landschaftlich besonders schöne Strecke Route with beautiful scenery
Alleenstr.	Touristenstraße Tourist route
XI-V	Wintersperre Closure in winter
	Straße für Kfz gesperrt Road closed to motor traffic
8%	Bedeutende Steigungen Important gradients
	Für Wohnwagen nicht empfehlenswert Not recommended for caravans
	Für Wohnwagen gesperrt Closed for caravans
Wartenstein *Umbalfälle*	Sehenswert: Kultur - Natur Of interest: culture - nature
	Badestrand Bathing beach
	Besonders schöner Ausblick Important panoramic view
	Ausflüge & Touren Excursions & tours
	Nationalpark, Naturpark National park, nature park
	Sperrgebiet Prohibited area
	Kirche Church
	Kloster Monastery
	Schloss, Burg Palace, castle
	Moschee Mosque
	Ruinen Ruins
	Leuchtturm Lighthouse
	Turm Tower
	Höhle Cave
	Ausgrabungsstätte Archaeological excavation
	Jugendherberge Youth hostel
	Allein stehendes Hotel Isolated hotel
	Berghütte Refuge
	Campingplatz Camping site
	Flughafen Airport
	Regionalflughafen Regional airport
	Flugplatz Airfield
	Staatsgrenze National boundary
	Verwaltungsgrenze Administrative boundary
	Grenzkontrollstelle Check-point
	Grenzkontrollstelle mit Beschränkung Check-point with restrictions
PARIS	Hauptstadt Capital
MARSEILLE	Verwaltungssitz Seat of the administration

FÜR IHRE NÄCHSTE REISE

gibt es folgende MARCO POLO Titel:

DEUTSCHLAND
Allgäu
Amrum/Föhr
Bayerischer Wald
Berlin
Bodensee
Chiemgau/Berchtesgadener Land
Dresden/Sächsische Schweiz
Düsseldorf
Eifel
Erzgebirge/Vogtland
Franken
Frankfurt
Hamburg
Harz
Heidelberg
Köln
Lausitz/Spreewald/Zittauer Gebirge
Leipzig
Lüneburger Heide/Wendland
Mark Brandenburg
Mecklenburgische Seenplatte
Mosel
München
Nordseeküste Schleswig-Holstein
Oberbayern
Ostfriesische Inseln
Ostfriesland/Nordseeküste Niedersachsen/Helgoland
Ostseeküste Mecklenburg-Vorpommern
Ostseeküste Schleswig-Holstein
Pfalz
Potsdam
Rheingau/Wiesbaden
Rügen/Hiddensee/Stralsund
Ruhrgebiet
Sauerland
Schwäbische Alb
Schwarzwald
Stuttgart
Sylt
Thüringen
Usedom
Weimar

ÖSTERREICH | SCHWEIZ
Berner Oberland/Bern
Kärnten
Österreich
Salzburger Land
Schweiz
Steiermark
Tessin
Tirol
Wien
Zürich

FRANKREICH
Bretagne
Burgund
Côte d'Azur/Monaco
Elsass
Frankreich
Französische Atlantikküste
Korsika
Languedoc-Roussillon
Loire-Tal
Nizza/Antibes/Cannes/Monaco
Normandie
Paris
Provence

ITALIEN | MALTA
Apulien
Capri
Dolomiten
Elba/Toskanischer Archipel
Emilia-Romagna
Florenz
Gardasee
Golf von Neapel
Ischia
Italien
Italienische Adria
Italien Nord
Italien Süd
Kalabrien
Ligurien/Cinque Terre
Mailand/Lombardei
Malta/Gozo
Oberital. Seen
Piemont/Turin
Rom
Sardinien
Sizilien/Liparische Inseln
Südtirol
Toskana
Umbrien
Venedig
Venetien/Friaul

SPANIEN | PORTUGAL
Algarve
Andalusien
Barcelona
Baskenland/Bilbao
Costa Blanca
Costa Brava
Costa del Sol/Granada
Fuerteventura
Gran Canaria
Ibiza/Formentera
Jakobsweg/Spanien
La Gomera/El Hierro
Lanzarote
La Palma
Lissabon
Madeira
Madrid
Mallorca
Menorca
Portugal
Sevilla
Spanien
Teneriffa

NORDEUROPA
Bornholm
Dänemark
Finnland
Island
Kopenhagen
Norwegen
Oslo
Schweden
Stockholm
Südschweden

WESTEUROPA | BENELUX
Amsterdam
Brüssel
Dublin
Edinburgh
England
Flandern
Irland
Kanalinseln
London
Luxemburg
Niederlande
Niederländische Küste
Schottland
Südengland

OSTEUROPA
Baltikum
Budapest
Danzig
Estland
Kaliningrader Gebiet
Krakau
Lettland
Litauen/Kurische Nehrung
Masurische Seen
Moskau
Plattensee
Polen
Polnische Ostseeküste/Danzig
Prag
Riesengebirge
Russland
Slowakei
St. Petersburg
Tallinn
Tschechien
Ukraine
Ungarn
Warschau

SÜDOSTEUROPA
Bulgarien
Bulgarische Schwarzmeerküste
Kroatische Küste/Dalmatien
Kroatische Küste/Istrien/Kvarner
Montenegro
Rumänien
Slowenien

GRIECHENLAND | TÜRKEI | ZYPERN
Athen
Chalkidiki
Griechenland Festland
Griechische Inseln/Ägäis
Istanbul
Korfu
Kos
Kreta
Peloponnes
Rhodos
Samos
Santorin
Türkei
Türkische Südküste
Türkische Westküste
Zakinthos
Zypern

NORDAMERIKA
Alaska
Chicago und die Großen Seen
Florida
Hawaii
Kalifornien
Kanada
Kanada Ost
Kanada West
Las Vegas
Los Angeles
New York
San Francisco
USA
USA Neuengland/Long Island
USA Ost
USA Südstaaten/New Orleans
USA Südwest
USA West
Washington D.C.

MITTEL- UND SÜDAMERIKA
Argentinien
Brasilien
Chile
Costa Rica
Dominikanische Republik
Jamaika
Karibik/Große Antillen
Karibik/Kleine Antillen
Kuba
Mexiko
Peru/Bolivien
Venezuela
Yucatán

AFRIKA | VORDERER ORIENT
Ägypten
Djerba/Südtunesien
Dubai
Israel
Jerusalem
Jordanien
Kapstadt/Wine Lands/Garden Route
Kapverdische Inseln
Kenia
Marokko
Namibia
Qatar/Bahrain/Kuwait
Rotes Meer/Sinai
Südafrika
Tansania, Sansibar
Tunesien
Vereinigte Arabische Emirate

ASIEN
Bali/Lombok
Bangkok
China
Hongkong/Macau
Indien
Indien/Der Süden
Japan
Kambodscha
Ko Samui/Ko Phangan
Krabi/Ko Phi Phi/Ko Lanta
Malaysia
Nepal
Peking
Philippinen
Phuket
Rajasthan
Shanghai
Singapur
Sri Lanka
Thailand
Tokio
Vietnam

INDISCHER OZEAN | PAZIFIK
Australien
Malediven
Mauritius
Neuseeland
Seychellen
Südsee

REGISTER

Im Register sind alle in diesem Reiseführer erwähnten Orte und Ausflugsziele verzeichnet. Halbfette Seitenzahlen verweisen auf den Haupteintrag.

Abbazia di Sambucina 52
Acquaformosa 15, 16, 90
Acri 98
Aieta 34
Altomonte **37ff.**, 9, 23, 36, 88, 90, 102
Amarelli 45
Amica 46
Argentino **91**, 30, 33
Aspromonte **83f.**, **92f.**, 9, 10, 23, 28, 76, 77, 98, 99, 126
Badolato Borgo 62
Bagnara Calabra **71**, 23, 67, 97
Belvedere Marittimo 15, 88
Bivongi 87
Bosco 96
Botricello 62
Botro 62
Bova 83
Briatico 75
Brognaturo 28
Butteria 13
Camigliatello Silano **54f.**, 13, 14, 29, 53, 91, 98, 99
Camigliati 54
Caminia 59
Campo San Lorenzo 92
Campo Tenese 44, 90
Cannitello 97
Capo Colonna **61**, 56
Capo Rizzuto 9, 56, 62, 63, 98, 99, 102
Capo Vaticano **75**, 8, 66, 99
Cascata di Maesano 87
Castrovillari **39f.**, 22, 88, 90
Catanzaro **56ff.**, 10, 52, 102
Catanzaro Marina 59
Cava di Melis 53
Cerchiara di Calabria 42
Cetraro 96
Çifti **40ff.**, 9, 16, 22, 36, 88, 90
Cirella **30ff.**, 34, 88
Ciricilla 13
Cirò **61**, 11, 27, 126
Civita **40ff.**, 9, 16, 22, 36, 88, 90
Coccorino 75
Condofuri 84
Contrada Monaco 59
Copanello 59, 62, 64, 65
Cosenza **48ff.**, 7, 10, 19, 22, 23, 52, 53
Costa degli Dei 66
Cozzo del Pellegrino 90
Cozzo del Principe 92
Crotone **59ff.**, 15, 20, 22, 29, 56, 62, 108
Cupone 53, 91
Dattilo 14
Diamante **30ff.**, 20, 22, 23, 88, 126
Diano 52
Eianina di Frascineto 40
Fallistro 55
Firmoza 15, 16, 90
Fiuzzi 101
Fossiata 91
Francavilla Angitola 69
Fuscolara 40
Gallicianò 84
Gambarie **83**, 13, 84, 98
Gelso Mazzei 46
Gerace **77ff.**, 9, 18, 19, 29, 103
Giganti della Sila 55
Gioia Tauro 44
Gioiosa Ionica 94
Grotta del Romito **35**, 9, 10, 91
Grotta delle Ninfe 42
Guardavalle 13
Isola di Capo Rizzuto 62
Isola di Cirella 32
Isola di Dino 35
La Grazia 74
Lago di Cecita 21, 48, 53
Laino Borgo 22, 98
Lamezia Terme 27, 104, 105, 107
Lao 10, 30, 34, 35, 91, 98
Le Castella **61ff.**, 15, 56, 98
Le Puzelle 64
Lido di Caminia 62, 64, 65
Lido di Copanello 65
Lido di Pietragrande 65
Lido di Squillace 59
Lido Sant'Angelo 46
Locri **79**, 94
Lokroi Epizephyrioi 79
Longobucco 29, 54
Lorica 13
Lungro 90
Madonna del Pettoruto 89
Maierà 32
Mammola 80
Mangioppo 98
Marchesato 56, 63
Marina di Caulonia 15
Marina di Gioiosa Ionica 15
Marina di Strongoli 14
Marinella (Le Castella) 63
Marinella (Pizzo) 69
Masa 13
Mazzicanino 44
Melito di Porto Salvo 10, 44, 94
Mirto 101
Monasterace Marina 87
Montalto 83
Montalto Uffugo 52
Monte Botte Donato 52
Monte Consolino 86
Monte Demonio 40
Monte Fuscaldo 64
Monte Poro 29
Monti di Orsomarso 30, 89
Morano Calabro **43f.**, 9, 11, 23, 36, 88, 90, 98, 102
Natile Vecchio 93
Nationalpark ... s. unter dem Namen des Parks
Nicotera 75
Nocera Terinese 22, 27
Orsomarso **33**, 15, 88, 91
Palmi 23, 103
Palumbo 13
Paola 33
Papasidero **35**, 91
Parco Archeologico di Scolacium 65
Parco Museo Santa Barbara 80
Parco Nazionale ... s. unter dem Namen des Parks
Parghelia 74
Passo dello Scalone 89
Patirion 46
Pentedattilo **84**, 76
Petroso 98
Piano Campolongo 91
Piano la Donna 15
Pietra Cappa 92
Pietragrande 59
Pizzo **67ff.**, 9, 66, 103
Pizzo Marina 67
Pollino **36**, **88ff.**, 8, 9, 10, 14, 16, 40, 42, 43, 44, 98, 99, 126
Praia a Mare **35**, 101
Punta di Stalettì 65
Punta Stilo 87
Raganello 14, 40, 41, 90
Reggio di Calabria **80ff.**, 10, 12, 20, 28, 76, 83, 86, 95, 103, 104, 107
Rende 14, 50, 51
Riace **87**, 9, 81
Riace Marina 87
Riserva Marina di Capo Rizzuto **63f.**, 9, 56, 62, 98, 99, 102
Riserva Naturale Valle Fiume Argentino 91
Rocca Imperiale 42
Rocce di San Pietro 92
Roccella Ionica 15, 22, 23, 126
Roghudi 84
Rossano **44ff.**, 9, 19, 29, 101
San Demetrio Corone **47**, 16
San Donato di Ninea 89
San Giovanni in Fiore **55**, 29
San Nicola Arcella **35**, 91, 114
San Nicolò di Ricadi 13
Santa Maria del Bosco 85
Santa Maria del Cedro **33**, 21, 88
Santa Maria del Patire 46
Santa Maria del Patirie 46

IMPRESSUM

Santa Maria delle Armi 42
Santa Severina 63f.
Santa Zaccheria 98
Santo Stefano 84
Santuario della Madonna di Polsi 84
Santuario Santa Maria delle Armi 42
Scalea **34f.**, 91, 96, 98
Scigliano 52
Scilla **70f.**, 8, 67, 97, 99, 101
Scolacium **65**, 64
Seminara **71**, 28
Serra Dolcedorme 36
Serra San Bruno 84ff.
Shën Miter **47**, 16
Sibari **47**, 37, 40
Siderno 94
Sila **52ff.**, **91f.**, 10, 13, 16, 20, 21, 23, 29, 48, 59, 98, 99, 102
Sila Grande 29, 53, 98, 99
Sila Greca 16, 29, 44
Sila Piccola 59, 102
Soriano Calabro 103
Spiaggia di Grotticelle 75
Spilinga 75
Squillace **64f.**, 28, 99
Stignano 13
Stilo **86f.**, 9, 19, 99
Stromboli 72
Sybaris **47**, 40
Taverna 59
Tirivolo 102
Tonnara 74
Tortora 34
Tropea **72ff.**, 6, 8, 9, 15, 26, 28, 66, 71, 98, 99, 104, 107
Ungra 90
Vibo Marina 70, 98
Vibo Valentia 69, 98
Villa San Giovanni 76, 82
Villaggio Mancuso 59
Zagarise 102
Zolfara 102
Zungri 75

> SCHREIBEN SIE UNS

Liebe Leserin, lieber Leser,

wir setzen alles daran, Ihnen möglichst aktuelle Informationen mit auf die Reise zu geben. Dennoch schleichen sich manchmal Fehler ein – trotz gründlicher Recherche unserer Autoren/innen. Sie haben sicherlich Verständnis, dass der Verlag dafür keine Haftung übernehmen kann.

Wir freuen uns aber, wenn Sie uns schreiben.

Senden Sie Ihre Post an die
MARCO POLO Redaktion,
MAIRDUMONT, Postfach 3151,
73751 Ostfildern,
info@marcopolo.de

IMPRESSUM

Titelbild: Bucht am Cabo Vaticano (alamy images/CuboImages srl: Dionisio Iemma)
Fotos: Agriturismo Villa Vittoria: Perronace Pasquale (13 u.); Özlem Ahmetoglu (12 o.); alamy images/ CuboImages srl: Dionisio Iemma (1); P. Amann (2 r., 11, 22/23, 23, 30/31, 35, 38, 41, 42, 43, 55, 56/57, 58, 61, 65, 80, 92, 93, 96/97, 99, 114/115, 126); Azienda Agricola (14 o.); Cactus Club: Barbara Panetta (94 M. l.); Explora: A. Albano (15 M.); ©fotolia.com: Christian Klingner (95 M. r.); ZAHA HADID ARCHITECTS (12 u.); Huber: Giovanni Simeone (28/29, 36/37, 66/67, 76/77, 88/89); ©iStockphoto.com: Ben Blankenburg (13 o.), eyespeakin (94 u. r.), jeff giniewicz (94 o. l.), maria maciuca (95 o. l.), Ivan Mateev (15 u.), pinobarile (94 M. r.), ShyMan (95 M. l.), simonkr (14 u.), Stalman (95 u. r.); M. Kirchgessner (24/25, 26); Laif: Amme (6/7, 72/73), Celentano (8, 22, 28, 29, 48/49, 85, 100/101, 103), Galli (U. l., 90); La Terra Magica: Lenz (3 M., 3 r., 4 r., 16/17, 18, 33, 63, 78, 87, 102); Scarma (15 o.); T. Stankiewicz (U. M., U. r., 2 l., 3 l., 4 l., 5, 20, 27, 32, 45, 46, 50, 51, 53, 60, 68, 70, 74, 81, 83)

4., aktualisierte Auflage 2010

Chefredaktion: Michaela Lienemann (Konzept, Chefin vom Dienst), Marion Zorn (Konzept, Textchefin)
Autoren: Peter Peter/Peter Amann; Redaktion: Nikolai Michaelis
Programmbetreuung: Silwen Randebrock; Bildredaktion: Gabriele Forst
Szene/24h: wunder media, München
Kartografie Reiseatlas: © MAIRDUMONT, Ostfildern
Innengestaltung: Zum goldenen Hirschen, Hamburg; Titel/S. 1–3: Factor Product, München
Sprachführer: in Zusammenarbeit mit Ernst Klett Sprachen GmbH, Stuttgart, Redaktion PONS Wörterbücher

Printed in Germany. Gedruckt auf 100% chlorfrei gebleichtem Papier

> UNSER AUTOR

MARCO POLO Insider Peter Amann im Interview

Peter Amann bereist die Stiefelspitze seit mehr als 15 Jahren. Jedes Jahr verbringt er einige Monate in Süditalien und auf Sizilien.

Was fasziniert Sie an Kalabrien?

Kalabrien ist die kontrastreichste Region des Mezzogiorno. Keine leichte Kost! Schönes und Hässliches liegen oft dicht nebeneinander. Doch trotz aller Bausünden an der Küste ist das Meer über weite Abschnitte immer noch wunderbar, und im Landesinneren lockt eine wilde, wenig berührte Natur. Die als rau verschrienen Kalabresen erweisen sich oft als die gastfreundlichsten Süditaliener, und Geschichte geht hier durch den Magen. Wein aus Cirò tranken bereits die Olympiasieger der Antike. Außer herrlichen Wandergebieten im Pollino und Aspromonte begeistern mich vor allem die zahlreichen Gelegenheiten, gute Musik zu hören, seien es die Jazzfestivals von Roccella Ionica und Diamante oder Ethnomusikraves in den Bergen.

Mögen Sie die kalabrische Küche?

Auf jeden Fall! Sie ist so vielgestaltig wie das Land. Kalabrien ist ein vom Meer umspültes Gebirgsland mit jahrtausendealter Geschichte – das spiegelt sich in der Küche wider. In die scharfen Geheimnisse der *cucina calabrese* wurde ich bereits während meiner Studienzeit in Rom als Gast einer sizilianisch-kalabrischen Familie eingeführt. Besonders schätze ich die zahlreichen Zubereitungsarten von Auberginen, die scharfen Würste und die erfrischenden *granite.*

Und was gefällt Ihnen weniger?

Korruption, EU-Subventionsschwindel und mafiöse Strukturen – Realitäten, mit denen Urlauber glücklicherweise nur selten in direkte Berührung kommen.

Was machen Sie beruflich?

Ich habe meine Passion zum Beruf gemacht: Seit Abschluss meines Geografiestudiums in München und Rom arbeite ich als Studienreiseleiter. Später habe ich auch noch Archäologie und Kunstgeschichte studiert. Am meisten lerne ich durch die Neugierde meiner Gäste und Leser.

Was prädestiniert Sie als MARCO POLO Autor?

Ich liebe Süditalien und kenne mich dort gut aus. An MARCO POLO Reiseführern schätze ich den lockeren Ton, der dabei aber nie die handfesten Tipps vergisst, gerne auch ausgefallene.

Können Sie sich vorstellen, auch einmal ganz in Kalabrien zu leben?

Ich könnte mir vorstellen, für einen Teil des Jahres in Süditalien zu leben. Die Bewältigung des Alltags in Kalabrien – Amtsgänge, Krankenhausbesuche u. Ä. – wäre mir ehrlich gesagt zu anstrengend.

> BLOSS NICHT!

Auch in Kalabrien gibt es ein paar Dinge, die Sie vermeiden sollten

Anhalterin spielen

Das könnte missverstanden werden. Einige süditalienische Machos glauben ungerührt, dass jede *autostoppista* auf erotische Abenteuer aus sei.

Neugierig auf die *'ndrangheta*

Fragen der Touristen nach dem organisierten Verbrechen nerven viele Einheimische. Stellen Sie erst ein Vertrauensverhältnis her, bevor Sie das delikate Thema anschneiden.

Die Ruhe verlieren

Ob an der Hotelrezeption oder mit dem Auto auf der Straße: *pazienza* (Geduld) heißt das Zauberwort, mit dem man meist schneller weiterkommt, als wenn man sich aufregt.

Cappuccino nach dem Essen

In Süditalien gibts nur eins nach dem Essen: *caffè*. Der kleine, starke, schwarze Espresso ist deutlich bekömmlicher als Milchkaffee.

Getrennte Rechnungen verlangen

Wenn Freunde zusammen zum Essen ausgehen, wird nicht wie in Deutschland pingelig auseinanderdividiert, wenn es ans Zahlen geht, sondern jeder wirft *alla romana* seinen Anteil in die Mitte. In vielen süditalienischen Trattorien wird grundsätzlich pro Tisch abgerechnet.

Halb nackt in der Stadt

Kurze Hosen und nackter Oberkörper gehören an den Strand. Beim Stadtbummel und Restaurantbesuch sind sie verpönt.

Wertsachen im Auto lassen

Beschaffungskriminalität gibt es in jeder großen Stadt, Kalabrien mit seiner hohen Jugendarbeitslosigkeit macht da keine Ausnahme. Italiener nehmen das Autoradio mit und lassen das Handschuhfach offen stehen. Erhöhte Vorsicht ist an den Parkplätzen der Küstenstraße und in den Großstädten geboten, während das Landesinnere als sicher gilt.

Gefälschte Markenartikel kaufen

Eine billige, weil nur scheinbar echte Prada-Sonnenbrille kann teuer werden: Bis zu 10 000 Euro Strafe werden beim Kauf von gefälschter Markenware fällig!

Im August unterwegs

Hotels, Strände und Straßen sind im italienischen Ferienmonat restlos überfüllt. Am 15. August zu *ferragosto* steht das ganze Land im Stau. Nur für Leute, die den totalen Trubel lieben!

Trinkgeld an der Bar vergessen

Auch wer im Stehen seinen *caffè* trinkt, legt eine kleine Münze zusammen mit dem *scontrino* (Kassenzettel) für den *barista* auf den Tresen.